Sonja Meiburg

Der Raketenstart-Rückruf

Sicheres Abrufen leicht gemacht

Impressum

Copyright ©Canimos Verlag 2019

Gestaltung und Satz: Canimos Verlag

Coverfoto: Doreen Israel, Stelzendackel

Fotos im Innenteil: Michele Baldioli, Doreen Israel, Sabine Fehrenbach, Shutterstock

Illustrationen: Olaf Neumann - dogtari

Korrektorat: Melanie Mayr

Alle Rechte vorbehalten

Vervielfältigungen jeglicher Art bedürfen einer schriftlichen Zustimmung des Verlages.

Autorin und Verlag haben den Inhalt dieses Buches mit größtmöglicher Sorgfalt und nach bestem Wissen geschrieben und verlegt. Für eventuelle Schäden an Mensch, Tier oder Gegenständen, die durch die Ausführung von Handlungsanweisungen aus diesem Buch entstehen oder entstanden sind, kann keine Haftung übernommen werden.

ISBN: 978-3981841374

Inhalt

Einleitung ... 7

Rückruftraining – Was nicht klappt ... 8
- Wenn Rückruf etwas Doofes bedeutet ... 9
- Das Hundehirn entscheidet ... 9
- Schreck- und Schmerzreize sind kontraproduktiv ... 10
- Die Sache mit der Bindun ... 11
- Systematisches Training Fehlanzeige ... 13
- Die Lebensumständ ... 14
- Schläft dein Hund genug? ... 15
- Ernährung ... 15
- Körperliche Beschwerden ... 16

Das richtige Equipment ... 18
- Passendes Brustgeschirr ... 18
- Schleppleine/Ruckdämpfer/Handschuhe ... 21
- Pfeife ... 25
- Clicker/Markerwort ... 27

„Schokotorte" oder „Hiiiiieeeer" – Das Spiel ... 30
- „Die Stunde der Wahrheit"-Liste ... 32
  - Wie viele Striche stehen in der (+)-Spalte? ... 34

„Leckerchen, fliiieeeeg" – Die richtige Belohnung ... 38
- Nicht alles ist 'ne feine Belohnung ... 39
- Was dein Hund mag ... 42

Sofort umsetzbare Belohnungen (Das Fast Food)	43
Dinge, die du mit Ball oder Gutties tun kannst	45
Belohnungssequenzen (Das Fünf-Gänge-Menü)	49
Belohnungsersatz für alles, was eklig oder verboten ist	56
Solltest du mal falsch liegen...	59
Du bleibst spannend!	59
Für deinen Hund zum Affen machen? Nein, genießen!	62

Der Ablenkungsfahrplan 65

Training mit dem Fahrplan	69

Der Geschirrgriff - Du wirst ihn brauchen 72

Das ist der Geschirrgriff	73
Ankündigen - Anfassen	76
Was kann schief gehen	79
Mit dem sich bewegenden Hund	82
Entfernung erhöhen	83
Mit Leine	84
Und was, wenn er nicht folgt?	87

Der Doppelte Rückruf - Umorientieren und Herankommen 98

DRR: Das Umorientierungssignal	99
Schritt Null: Rufen und Belohnen	101
Der nächste Schritt: Rufen - Umorientieren - Belohnen	103
Von Anfang an Belohnungen variieren	109
Ablenkungen einbauen	111
Bonustraining: Auf die Jagd nach Blickkontakten gehen	115
Das Herankommen	117
Was kann schiefgehen	119
Was, wenn er nicht kommt?	127

Der U-Turn 134
    Und was ist, wenn er auf das Signal mal nicht reagiert? ... 145

Offline 147
    So halb - Du hältst die Leine noch in der Hand 148
    Fast ganz - Die Leine schleift am Boden 150
    Wenns schief geht 151
    Ganz - Leine ab 154
    Und nach dem Ableinen? 161
    Wie im richtigen Leben 169
    Das Anleinen 170

Rückrufspiele 174
    Das Dreieck-Spiel 175
    Das Kegel-Spiel 182
    Die Hasenzugmaschine 186
    Das Versteckspiel 193

Fahrplan 199

Zum Vertiefen 203

Die Autorin 205

Fotos 207

Einleitung

Anruf in der Hundeschule. Eine Halterin klagt ihr Leid.
„Und dann kam da der Hase auf einmal über den Weg gesprintet. Fiffi war sofort weg! Da konnte ich mit der Leberwurst winken, das war ihm völlig egal. Leberwurst, weißte? Mit Leberwurst! Eine halbe Stunde lang habe ich gesucht und gepfiffen, bis er endlich zurückgekommen ist. Seitdem habe ich ihn an der Schleppleine."
Hase da – Hund weg. Kennste, oder? Sonst würdest du dieses Buch vermutlich nicht lesen.
Der Rückruf ist so ziemlich das wichtigste Signal im Zusammenleben mit unseren Hunden. Wenn ich meine Kursteilnehmer frage, was ihnen wichtig ist, höre ich ganz oft: „Och, er soll gar nicht viel können. Ein wenig Sitz und Platz. Aber er muss kommen, wenn ich ihn rufe." Ob ich meinen Vierbeiner rufe, weil er unbedingt den Nachbarn begrüßen möchte, der sich schon letzte Woche über die Pfotenabdrücke auf seiner Jogginghose beschwert hat. Ob ich ihn rufe, weil die suizidal veranlagte Nachbarskatze unbedingt zum Hundeschmusen vorbeischauen möchte. Ob ich ihn rufe, weil er seinen Kumpel am anderen Ende der vielbefahrenen Straße gesehen hat und freudig ein kleines Spiel-Date vereinbaren möchte. Ob ich ihn rufe, weil ich merke, dass er eine halbgare, weggeworfene Pizza am Wegesrand entdeckt hat. Es gibt kaum ein Signal, das ich so häufig benötige wie den Rückruf. Er ist lebensnotwendig, praktisch und funktioniert häufig nicht so, wie Frauchen und Herrchen es gerne hätten.

Dabei ist Rückruftraining gar nicht so schwierig. Alles, was du brauchst, ist ein richtig guter Plan und etwas Zeit, um deinen Plan in die Realität umzusetzen. Sprich: Training!

„Training" bedeutet, dass es keinen Rückrufknopf gibt. Es ist ein Weg. Ein Weg, der Spaß macht. Dir und deinem Hund.

Optimal wäre es natürlich, wenn du bereits mit einem Welpen in dieses Training einsteigst, weil dein Babyhund meist noch nicht die Erfahrung gemacht hat, dass Hasenjagen schöner ist als das Zurückkommen zu dir. Aber keine Panik: Dieses Übungsprogramm kannst du genauso gut durchführen, wenn dein Hund schon älter und bereits hasenerfahrener ist. Auch dann kann er den Rückruf noch einmal (oder überhaupt einmal) neu erlernen und auch noch Spaß dabei haben.

Probier's aus und berichte!

Rückruftraining – Was nicht klappt

Warum ist das nur so verdammt schwierig?

„Immer, wenn er kommt, kriegt er von mir ein Leckerli. Ich verstehe nicht, warum er nicht kommt, wenn ich ihn rufe, sobald sein Hundekumpel uns begegnet."

Ist das wirklich schwer zu verstehen? Stell dir doch mal so eine typische Rückrufsituation vor. Fiffis bester Freund Enno kommt mit seinem Frauchen um die Ecke. Dein Hund freut sich wie Bolle, tobt gleich hin und beginnt, auf der Wiese Räuber und Gendarm mit Enno zu spielen. Währenddessen stehst du am Rand und ratschst ein wenig mit Ennos Frauchen. Nach ein paar Minuten möchtest du wieder nach Hause gehen, weil in der Zwischenzeit die Waschmaschine mit der Wäsche fertig sein dürfte. Du rufst Fiffi, der sich aber kaum von seinem best Buddy lösen kann. Du rufst immer und immer wieder. Schließlich kommt Fiffi sogar. Und was passiert dann? Er wird angeleint, bekommt eventuell noch ein Stückchen Trockenfutter und ihr geht weg vom Hundekumpel. Was lernt Fiffi daraus? „Beim Kumpel ist's schöner und beim nächsten Mal lass ich mir noch ein wenig mehr Zeit, bevor die Spielverderberin mich einfangen kann."

Das Spiel mit den Kumpels ist einfach zu schön

WAS NICHT KLAPPT

Wenn Rückruf etwas Doofes bedeutet

Und solche Situationen, in denen es für deinen Hund etwas Doofes bedeutet, wenn er deinem Ruf folgt, kommen im Alltag häufig vor. Eigentlich sogar andauernd. Du rufst, wenn er aus dem spannenden Garten ins langweilige Haus kommen soll. Du rufst, wenn er die Katze in Ruhe lassen und zu dir kommen soll. Du rufst beim Spaziergang, bevor du ihn anleinst und wieder nach Hause gehst. Du rufst, wenn er an einer Stelle ganz intensiv schnüffeln möchte, dir aber langsam langweilig wird. Für deinen Hund bedeutet dein Rufen sehr häufig, dass er etwas, was ihm gerade Spaß macht, unterbrechen soll. Und für was? Für ein Kopftätscheln oder ein Stückchen Futter?

Das Hundehirn entscheidet

Wenn dein Hund die Wahl hat - und die hat er immer, wenn er ohne Leine unterwegs ist -, tut er das, was sich für ihn gut anfühlt. Dafür kann er nichts. Daran ist sein Gehirn schuld. Das entscheidet, was sich gut anfühlt und was nicht, und reagiert entsprechend. Wenn es sich für deinen Hund besser anfühlt, zum besten Hundefreund zu laufen, als zu dir zu kommen, dann wird er das tun. Wenn es sich besser anfühlt, dem Hasen hinterherzurennen, als zu dir zu kommen, dann wird er das tun. Er ist ohne Leine, also kann er es sich aussuchen.

Rennen und Hetzen macht den meisten Hunden viel mehr Spaß, als sich von dir ein Stückchen Trockenfutter zwischen die Kiemen schieben zu lassen.

Schreck- und Schmerzreize sind kontraproduktiv

Ich kann gut nachvollziehen, dass es dich wahnsinnig ärgert, wenn dein Hund nicht kommt, wenn du ihn rufst. Das ist gefährlich und manchmal auch ein wenig peinlich, wenn andere Leute das mitkriegen. Und wenn etwas gefährlich oder auch nur ein wenig unangenehm ist, reagieren wir Menschen darauf nicht selten aus Angst oder Frust heraus mit Aggression. Das heißt, du rennst schimpfend hinter deinem Hund her, um ihn dazu zu bringen, dass er freudig zu dir gelaufen kommt. Manche Menschen schmeißen auch die Leine oder eine Kette hinter ihrem Hund her. Mal ehrlich: Wenn du dein Hund wärst und es würde jemand laut schimpfend und drohend auf dich zukommen - würdest du dich ihm dann freudig annähern wollen? Und wenn du deinen Hund dann endlich in Griffweite hast, wirfst du dich auch noch auf ihn, um ihn zu erwischen, reißt am Halsband oder am Geschirr, drückst ihn vielleicht noch auf den Boden, ärgerst dich lautstark, dass es so lange gedauert hat, bis er gekommen ist und leinst ihn wütend an. Und was lernt dein Hund? „Wenn die Olle so sauer ist, wird es richtig doof. Da halte ich lieber Abstand." Dein Hund ist doch nicht doof. Du erinnerst dich an die Sache mit dem Gehirn? Wenn er das Gefühl hat, dass ihn etwas Unangenehmes erwartet, wird er das Unangenehme möglichst lange herauszögern wollen. Das kennst du ganz sicher vom letzten Zahnarzttermin oder der schon lange fälligen Steuererklärung.

WAS NICHT KLAPPT

Die Sache mit der Bindung

Es ist übrigens nicht immer einfach eine Frage der Bindung, ob dein Hund kommt, wenn du ihn rufst oder ob er nicht kommt. Bindung ist ganz häufig eine leere Worthülse, die der Hundehalter meist ganz einfach übersetzt mit: „Ist mein Hund gehorsam, hat er eine gute Bindung zu mir". Manchmal auch mit: „Wenn mein Hund nicht jagen geht, bin ich ihm wichtiger und das ist ein Zeichen für eine gute Bindung". Achtung, Überraschung: Genau das Gegenteil kann auch der Fall sein. Wenn dein Hund jagen geht, dann hat er das Vertrauen zu dir, dass du auch noch da bist, wenn er wiederkommt. Das ist eine gute Bindung, denn sie basiert auf dem Vertrauen deines Hundes dir gegenüber! Es gibt Hunde, die sich nie trauen, sich von ihrem Menschen zu entfernen, weil sie kein Vertrauen in ihren Menschen haben und sich nicht darauf verlassen können, dass der Mensch noch da ist, wenn sie ihre Umwelt mal etwas genauer unter die Lupe nehmen und sich zum Beispiel an einer interessanten Schnüffelstelle festschnuppern. Es geistert leider immer noch in den Hundehalterköpfen herum, dass man sich, wenn der Hund nicht auf das Rufen reagiert, hinter einem Baum verstecken soll, damit sich der Hund so richtig erschreckt und danach möglichst nicht mehr von der Seite des Halters weicht. Das ist eher keine gute Idee.

Gute Bindung

Aus zwei Gründen:

1

Einen Hund mit einer guten Bindung und einem gesunden Selbstbewusstsein wird das Verstecken nicht weiter stören. Er weiß, dass du ihn nie im Stich lassen würdest und dass er sich auf dich verlassen kann. Er rechnet auf jeden Fall damit, dass er dich wiederfindet. Irgendwann hat er auch raus, dass er dich einfach mit seiner Nase wiederfinden kann. Spätestens dann hat sich das Verstecken von selbst erledigt, weil sich dein Hund davon dann nicht mehr beeindrucken lässt und erst einmal gut gelaunt seinen Geschäften nachgeht, bevor er dich irgendwann fröhlich suchen kommt.

2

Hunde, die sehr ängstlich und umweltunsicher sind, kann man mit dem Verstecken sehr stark aus dem Konzept bringen und sehr stark verunsichern. Diese Hunde haben oft keine gute Bindung, denn sie haben kein großes Vertrauen in den Menschen. Wenn du so einen Hund plötzlich alleine lässt, kann es sein, dass er in Panik gerät und davonläuft und dann nicht mehr ansprechbar ist. Dieses Spiel mit der Angst des Hundes kann sehr heftig nach hinten losgehen und sich auf den Trennungsstress daheim auswirken, so dass dein Hund sogar Schwierigkeiten bekommen kann, allein zu Hause zu bleiben. Es kann sein, dass er sich dann gar nicht mehr von dir weg traut und dich überhaupt nicht aus den Augen lässt, weil er Angst hat, dass er dann wieder in diese Paniksituation gerät. Du kannst dir vielleicht vorstellen, wie unentspannt so ein Spaziergang für deinen Hund ist, auch wenn er für dich nach außen hin vielleicht total brav und unterwürfig wirkt.

WAS NICHT KLAPPT

Los geht's!

Systematisches Training Fehlanzeige

Und zu guter Letzt kommt noch dazu, dass die meisten Halter den Rückruf „irgendwie" aufbauen. Im besten Fall wird der Rückruf ab und zu mal im Wohnzimmer und beim Spaziergang geübt und der Hund wird mit einem Stückchen Trockenfutter belohnt. Und dann soll es funktionieren, wenn der Hase davonläuft? Obwohl du mit deinem Hund bisher nicht einmal geübt hast, sich von so was Popeligen wie einem rollenden Ball abrufen zu lassen? Träum weiter. Und wenn der Rückruf so ein ganz klein wenig funktioniert, rufen ganz viele Leute ihren Hund nur noch dann, wenn sie den Rückruf wirklich brauchen. Also beim Hasen, bei anderen Hunden, wenn interessante Menschen kommen und so weiter. So wird der Rückruf zum perfekten Alarmsignal für deinen Hund. Wenn du rufst, weiß Fiffi ganz genau, dass es jetzt in dieser Sekunde etwas Interessantes zum Entdecken gibt und schaut sich erstmal um, bevor er kommt - oder auch nicht. Und wenn er nicht kommt, lernt er gleich dazu: „Frauchen schlägt Alarm, also renn ich mal los" und er merkt, dass er auf dein Rufen gar nicht folgen muss, denn du bist eh machtlos, sobald an deinem Hund keine Leine mehr hängt.

Zusammengefasst heißt das:

Wenn du rufst, heißt das für deinen Hund oft, dass etwas, das er toll findet, ein Ende hat. Belohnt wird er, wenn überhaupt, mit Dingen, die er nicht immer wirklich mag. Zwischendurch fühlt es sich für ihn richtig doof an, wenn er zu dir kommt, weil du ihn bedrohst, beschimpfst und/oder ihm weh tust. Und er weiß genau: Wenn du rufst, geht irgendwo anders als bei dir richtig die Post ab.
Kein Wunder, dass der Rückruf nicht so wirklich gut funktioniert, oder?

Die Lebensumstände

Hast du einen Hund, der eine absolut coole Socke ist, bedeutet das auch oft, dass der Rückruf ziemlich gut funktioniert, weil sein Körper und sein Gehirn entspannt sind und er nicht auf jeden Pups, der um ihn herum passiert, reagieren muss. Umgekehrt bedeutet das, dass es Hunde gibt (und das sind mehr als wir denken), die so aufgeregt sind, dass sie auf jedes vom Baum fallende Blatt reagieren. Hast du einen Hund, der sehr hibbelig ist, dann fällt es ihm häufig schwer, auf den Rückruf und auch auf andere Signale zuverlässig zu reagieren, weil sein Gehirn ständig mit anderen Dingen beschäftigt ist.

Das ist natürlich eine Frage der Veranlagung, aber auch der Lebensumstände. Hast du so einen Fusselkopp bei dir daheim, kann es durchaus Sinn machen, dass du ein paar Sachen überprüfst.

WAS NICHT KLAPPT

Genügend Schlaf ist wichtig

Schläft dein Hund genug?

Ein Welpe braucht ca. 20–22 Stunden Ruhe am Tag, ein erwachsener Hund gerne immer noch 16-18 Stunden. „Ruhe" bedeutet nicht notwendigerweise „Tiefschlaf", sondern einfach nur entspanntes Dasein. Diese Ruhe bekommt der Hund nicht, wenn er ständig von A nach B geschleppt wird. Wenn er vormittags mit Frauchen eine Zwei-Stunden-Runde drehen, ab dem Mittag als Kinderbespaßung herhalten und nachmittags mit Herrchen joggen gehen muss, steht er unter Dauerstrom. Am besten folgt dann abends noch die Stunde Gehorsamstraining samt Spielrunde auf dem Hundeplatz.

Und wann bitteschön hat der Hund dann die Ruhe, um sich zu erholen und das Hirn und den Körper mal wieder etwas entspannen zu lassen? Sei mal ganz ehrlich zu dir selbst und schreibe genau auf, wann dein Hund tagsüber wirklich ruht. Manchmal findet sich so ganz schnell die Erklärung für sein unruhiges Verhalten. Ein halbwegs geregelter Tagesablauf und besonders ein absolut ungestörter Ruheplatz, sind ein Muss für jeden Hund.

Die Ernährung

„Du bist, was du isst!" ist nicht nur für uns Menschen wichtig, sondern auch für deinen Hund. Wenn du merkst, dass dein Hund sehr unruhig ist, solltest du auch mal seine Ernährung überprüfen. Erhält er genügend Kohlenhydrate? Bekommt er vielleicht etwas, was er nicht verträgt und wird deswegen hibbelig? Bekommt er nur einmal am Tag etwas zu fressen, sodass sein Blutzuckerspiegel stark schwankt? Wenn du dir überlegst, wie du drauf bist, wenn du nur ein großes Frühstück hattest und dann bis zum späten Nachmittag nichts mehr zu futtern bekommst, kannst du dir vielleicht vorstellen, dass es deinem Hund ähnlich geht. Ich bin jedenfalls nicht besonders geduldig, wenn ich Kohldampf habe. Gerade wenn sich dein Hund draußen ständig etwas Fressbares sucht und sich davon nicht gut abrufen lässt, könnte ein häufigeres Füttern schon einiges am Verhalten zum Guten verändern. Futter und Füttern ist eine sehr individuelle Sache beim Hund, genau wie beim Menschen.

Überprüfe die Ernährung deines Hundes

Körperliche Beschwerden

Es ist gar nicht selten, dass Hunde nicht gut ansprechbar oder ziemlich überdreht sind (und damit auch nicht gut auf den Rückruf reagieren), wenn sie körperliche Beschwerden haben. Bauchweh, Kopfweh, Muskelschmerzen, Allergien, ...

Wenn es deinem Hund nicht gut geht, leidet sein Gehorsam. Das ist ganz normal und verständlich. Überlege mal, wie es dir ginge, wenn du dich mit einer Erkältung durch den Tag schleppst und alle zwei Minuten kommt jemand und will etwas von dir. Die Eltern unter uns kennen das.

Nicht jedes körperliche Unwohlsein macht sich gleich deutlich bemerkbar. Wenn du das Gefühl hast, dass dein Hund manchmal einfach nicht so wirklich ansprechbar ist, lass ihn tierärztlich durchchecken, am besten in Zusammenarbeit mit einem Trainer oder einer Trainerin. Gerade Hundetrainer*innen haben häufig ein gutes Gespür dafür, ob ein Verhalten körperlich bedingt ist und können Tipps geben, was beim Tierarzt abgecheckt werden sollte.

Hast du das alles abgecheckt und optimiert, kannst du ins Training einsteigen.

Mach dir einen Plan!

Was du brauchst:

- Das richtige Equipment
- Ein passendes Signal
- Passende Belohnungen
- Einen Ablenkungsfahrplan
- Einen guten Übungsaufbau
- Und du musst wissen, was du tun musst, wenn dein Hund mal nicht auf dein Signal reagiert.

Und dann geht's los!

Das richtige Equipment

Bevor du mit deinem Rückruftraining beginnst, solltest du dich vergewissern, dass du alles bereitliegen hast, was du brauchst.
Es wäre, vorsichtig ausgedrückt, „etwas" kontraproduktiv, wenn du zum Beispiel eine Schleppleine verwendest, die du nicht richtig fassen kannst und die dir deine Finger halb absäbelt, sobald dein Hund ein Reh sieht und du versuchst, ihn mit der Leine zu stoppen.
Investiere vor deinem Training ein wenig Zeit, um dir über das passende Equipment ein paar Gedanken zu machen.

Was du brauchst:

1. Ein passendes Brustgeschirr
2. Eine Schleppleine, und falls notwendig, einen Ruckdämpfer oder Handschuhe
3. Optional: Eine Pfeife
4. Optional: Clicker/Markerwort

1. Ein passendes Brustgeschirr

„Mein Hund trägt aber nur Halsband." Ja, mag sein, aber nicht an der Schleppleine. Stell dir vor, du hast eine Zehn-Meter-Schleppleine in der Hand. Das andere Ende ist am Halsband deines Hundes befestigt. Dein Hund befindet sich auf Schleppleinenlänge hinter dir, plötzlich springt vor dir ein Hase auf und dein Hund startet durch. Er vergisst, dass er an der Leine ist und hat eine Sprintstrecke von 20 Metern (zehn Meter hinter dir bis zehn Meter vor dir), bis die Kanonenkugel ungebremst in die Leine knallt. Kannst du dir vorstellen, welche Kräfte da auf den Hundehals wirken? Also, wenn du nicht Gefahr laufen möchtest, deinen Hund zu köpfen oder ihm das Genick zu brechen, verwendest du an der Schleppleine besser ein gut sitzendes Brustgeschirr. Oft sieht man die Schäden auf den ersten Blick nicht und wundert sich einige Wochen, Monate oder gar Jahre später, dass er eine Schmerzproblematik an der Wirbelsäule hat, deren Ursache schon lang zurückliegt – dem Verwenden des Halsbandes an der Schleppleine.
Welches Geschirr für deinen Hund geeignet ist, ist sehr individuell und von

DAS RICHTIGE EQUIPMENT

Hund zu Hund total unterschiedlich. Die richtige Passform eines Geschirrs hängt sehr vom Körperbau deines Hundes ab. Mittlerweile gibt es aber so viele unterschiedliche Modelle aus allen möglichen und unmöglichen Materialien, dass auch für deinen Hund sicher etwas dabei ist, was ihm passt und in dem er sich wohlfühlt.

Wenn dein Hund ein Geschirr noch nicht kennt und du merkst, dass er das ungewohnt bis unheimlich findet, kannst du ihn langsam daran gewöhnen, indem du das Anziehen des Geschirrs mit sehr positiven Dingen wie Futter, Ballspiel oder dem Spaziergang verknüpfst. Manche Hunde finden es gruselig, wenn ihnen etwas über den Kopf gezogen wird. Dafür gibt es Geschirre, die am Halsgurt einen Verschluss haben, sodass das Geschirr am Hals wie ein Halsband geschlossen werden kann und nicht über den Kopf gezogen werden muss.

So sitzt das Brustgeschirr perfekt

Sollte dein Vierbeiner zu den seltenen Kandidaten gehören, die außer einem Halsband absolut nichts am Körper tragen können und die sich mit Geschirr trotz sorgfältiger Gewöhnung keinen Millimeter bewegen können, musst du leider ein Halsband (mit Ruckdämpfer) verwenden. Wenn das der Fall ist, fallen alle Schleppleinen-Übungen für dich raus. Es ist einfach zu gefährlich.

Übe dann mit deinem unangeleinten Hund auf sicherem, eingezäuntem Gelände und gib dir bitte ganz besonders viel Mühe im Aufbau mit den passenden Belohnungen und dem Ablenkungsfahrplan, sodass dein Rückruf im Training wirklich immer sitzt und dein Hund dein Rufen nicht einfach überhört. Oder du investierst doch noch etwas Zeit und versuchst ganz intensiv, systematisch und gezielt, für deinen Hund ein angenehmes Geschirr zu finden und ihn daran zu gewöhnen.

DAS RICHTIGE EQUIPMENT

2. Schleppleine/Ruckdämpfer/Handschuhe

Schleppleine, Ruckdämpfer und Handschuhe gehören alle in dieselbe Kategorie: „Sichern ohne Brandwunden und Bandscheibenprobleme".

Eine Schleppleine brauchst du, damit dein Hund deinen Rückruf nicht einfach überhören kann. Es nützt wenig, wenn du im Training oder auch im Alltag immer und immer wieder rufst, dein Hund im Freilauf ist und nicht genügend Motivation hat, um zu dir zu kommen. Ist er im Freilauf, kann er sich aussuchen, ob er auf dein Rufen reagieren möchte oder nicht. Und wenn er nicht reagiert, ist das ein dickes Minus auf dem Rückrufkonto. Wenn dein Hund das unerwünschte Verhalten (sprich: den Rückruf ignorieren) immer und immer wieder einüben kann, brauchst du umso länger, bis dein Rückruf funktioniert. Daher: So lange dein Training noch nicht richtig sitzt, ist dein Hund beim Spaziergang entweder auf einem sicheren, eingezäunten Gelände, auf dem Freilauf möglich ist, oder an der Schleppleine.

Ein Ruckdämpfer für heile Bandscheiben

Achte darauf, dass du eine Schleppleine verwendest, die vom Gewicht, der Länge und der Griffigkeit her zu dir und deinem Hund passt. Je kleiner dein Hund ist, desto leichter sollte die Schleppleine sein, damit ihn die Leine nicht mehr stört als notwendig und damit er von einer zu schweren Leine keine einseitigen Belastungen davonträgt. Die Länge hängt von dem ab, was du halten kannst. Hast du einen großen, sehr schnellen Hund, können zehn Meter schon zu viel sein, weil dich dein Hund von den Beinen holt, wenn er in die Leine kracht. Ist dein Hund etwas langsamer und/oder etwas kleiner, darf die Schleppe auch länger sein. Probiere verschiedene Längen aus. Wenn du mit kürzeren Längen vertraut bist, kannst du das Training oder den Spaziergang auch mal mit längeren Leinen wagen.

Um es für dich und deinen Hund angenehmer zu machen, empfehle ich, an der Schleppleine einen Ruckdämpfer zu verwenden, der entweder an dein Leinenende oder zwischen Geschirr und Schleppleine gehängt wird. Ein Ruckdämpfer ist so etwas wie ein festes, aber elastisches Stück Leine. Er gibt etwas nach, wenn dein Hund in das Leinenende rennt, sodass weder der Vierbeiner noch du einen plötzlichen Ruck verspürt. So bleiben deine Bandscheiben heile, wenn dein Hund mal in die Leine springt.

DAS RICHTIGE EQUIPMENT

Achte auch darauf, dass du die Schleppleine gut halten kannst. Manche Menschen kommen mit einer etwas dickeren, runden Schleppleine gut zurecht, manche Menschen mögen lieber Schleppleinen, die breiter und flacher sind.

Ganz dünne Leinen sind häufig mehr ein Ärgernis als eine Hilfe. Sie verknoten extrem schnell, die Knoten lassen sich kaum noch lösen und die dünnen Leinen schneiden schnell in die Handflächen, wenn man versucht, sie zu greifen, während der Hund sich bewegt. Probiere am besten mehrere Leinen aus. Nimm sie in die Hand, zieh mal dran oder lass dran ziehen und spüre, ob es sich für dich angenehm anfühlt.

Handschuhe mit einer Innenseite aus rutschfestem Kunststoff, zum Beispiel Fahrrad- oder Segelhandschuhe, helfen dir, die Schleppleine besser zu halten, ohne dass du Brandwunden oder hängengebliebene Tannennadeln oder Holzsplitter in der Haut durch das Gleiten der Schleppleine in den Handinnenflächen befürchten musst. Mit den Handschuhen lassen sich Schleppleinen auch oft besser greifen und halten, besonders, wenn es regnet und die Leine nass oder matschig ist. Probiere einfach aus, was sich für dich am angenehmsten anfühlt.

Handschuhe können das Handling vereinfachen

Kleiner Tipp!

Löse eventuelle Knoten in der Leine, die beim täglichen Gebrauch schon mal passieren können, möglichst schnell, am besten noch während des Spaziergangs. Hat sich ein Knoten mal richtig festgezogen, ist er kaum noch zu lösen. Das Problem ist, dass dort, wo die Knoten sind, die Reißlast deiner Leine stark verringert ist. Der Knoten schleift am Boden und die Leine wird dort brüchig. Das kann dazu führen, dass sie reißt, wenn dein Hund in die Leine springt. Achte also darauf, dass sich möglichst keine Knoten in deiner Leine bilden. Das gleiche Problem hast du, wenn du deine Schleppleine draußen aufbewahrst. Wenn die Leine der Witterung ausgesetzt wird, wird sie häufig schnell brüchig und kann dann ebenfalls reißen. Pflege dein Equipment gut.

Die Schleppleine dient im Training dazu, dass dein Hund dein Rufen nicht einfach überhören und ungestört zum Objekt seiner Begierde kommen kann. Im Laufe des Trainings wird sie nach und nach immer mehr abgebaut, aber gerade zu Beginn gehört sie unbedingt an den Hund. Auch später ist sie ein nützlicher Helfer in Situationen, in denen du deinem Hund vielleicht noch nicht so ganz über den Weg traust.

DAS RICHTIGE EQUIPMENT

3. Pfeife

Ich dachte immer, ich brauche keine Pfeife, um meine Hunde zu rufen. Meine Stimme ist lauter und trägt weiter als jede Pfeife - so lange sie funktioniert. Das ging so lange gut, bis ich einmal richtig heiser war und ich meine Hunde auf einmal nicht mehr wie gewohnt rufen konnte. Seitdem übe ich den Rückruf sowohl mit einer Pfeife als auch mit der Stimme. Eine Pfeife brauchst du auf jeden Fall, wenn deiner Stimme ein wenig der Wumms fehlt. Natürlich üben wir mit unseren Hunden so, dass sie auch auf ganz leise Signale reagieren. Wenn dein Hund aber bei einem Spaziergang frei läuft, mehr als 50 Meter von dir entfernt und ganz vertieft in ein Mäuseloch ist und dabei vielleicht noch der Wind weht, kann es gut sein, dass er ein gehauchtes „Hier" gar nicht wahrnimmt. Wenn du zu den Menschen gehörst, die Schwierigkeiten haben, laut und deutlich zu rufen, dann nutze besser eine Pfeife. Suche dir eine, deren Ton du magst und der dir nicht gleich einen Tinnitus beschert, wenn du volle Kanne reinpustest. Sie soll laut sein, aber sie muss nicht schrill sein. Die sogenannten „Ultraschallpfeifen" halte ich für ungeeignet, da du die Lautstärke und Intensität nur schwer einschätzen und/oder einstellen kannst. Deswegen weißt du nie so genau, wieviel Ton wirklich bei deinem Hund ankommt. Nimm besser eine Pfeife, die du auch selbst hören kannst.

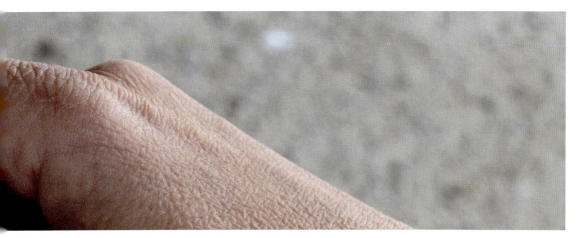

Eine Hundepfeife trägt oft weiter als die Stimme

 Kleiner Tipp!

- Achte darauf, dass deine Pfeife eine Öse besitzt, an die du ein Band knoten kannst, das du dir um den Hals hängst. Eine Pfeife in der Hosentasche baumelt zwar weniger herum, ist aber im Notfall erst viel zu spät greifbar. Während eines Spaziergangs solltest du deine Pfeife immer griffbereit haben.

- Übe das Pfeifen immer erst einmal ohne Hund! Wenn du nicht so viel Routine im Pfeifen hast, kann es gut sein, dass deine ersten Versuche eher einem asthmatisch keuchenden Eichhörnchen als einem durchdringenden Pfiff ähneln. Manche Leute stecken die Pfeife bei den ersten Versuchen und in der ersten Trainingshektik zu tief in den Mund, sodass sie das Loch vor dem Mundstück verdecken. Dann wird's natürlich nichts mit dem Pfiff. Damit das nicht passiert, während dein Hund neben dir steht und du versuchst, ihm beizubringen, dass dein Rohrkrepierer eine Bedeutung hat, empfehle ich ganz dringend, die wichtigsten Pfiffe (langgezogener Pfiff und Intervallpfiff) erst einmal zu üben, ohne dass dein Hund in Hörweite ist. Viele unterschätzen, wie viel Atem sie brauchen, um zu pfeifen und kommen, vor allem beim Intervallpfeifen, schnell aus der Puste.

DAS RICHTIGE EQUIPMENT

4. Clicker/Markerwort

Vom Knackfrosch hast du bestimmt schon einmal gehört. Der Clicker ist ein kleines Gerät, dass ein Knackgeräusch macht. Das Geräusch sagt dem Hund: „Gut gemacht! Jetzt gleich folgt eine Belohnung!". Der Vorteil liegt darin, dass dein Timing beim Belohnen leichter ist. Manchmal streift mich der Hund, wenn ich ihn rufe, nur mit einem kurzen Blick. Wenn ich dann anfange, nach einer Belohnung zu kramen, kann ich den Blick eventuell nicht mehr bestärken, weil Fiffi schon wieder wegschaut.

Doof gelaufen. Mit einem Marker kann ich den kurzen Blick aber regelrecht einfangen. Wenn ich danach die Belohnung rauskrame, weiß mein Hund immer noch, wofür er belohnt wird. Das Gleiche kann man dem Hund auch mit einem Markerwort vermitteln, das sehr prägnant sein sollte, wie zum Beispiel „Click" oder „Zack" oder etwas Ähnliches (Hauptsache, du kommst dir bei dem Wort nicht blöd vor). Wenn dein Hund den Marker schon kennt, kannst du dein Rückruftraining selbstverständlich und sinnvollerweise mit dem Marker durchführen. Wenn dein Hund den Marker noch nicht kennt, du aber Lust hast, das Clickertraining einmal auszuprobieren, solltest du vor dem eigentlichen Training deinen Hund mit dem Geräusch oder Wort vertraut machen. Es gibt viele, sehr empfehlenswerte Bücher zum Thema „Clickertraining" und wenn du bisher von Clickertraining noch nie etwas gehört hast, empfehle ich dir, dich da einfach mal einzulesen.

Zum Aufbau eines Clickers/Markers reicht es aus, wenn du clickst (oder das Markerwort sagst) und deinem Hund danach eine Belohnung zukommen lässt. Am Anfang bietet sich dafür Futter an, denn damit fällt dir das ungewohnte Handling anfangs leichter. Die Futterbelohnungen werden später, wie du noch sehen wirst, durch sehr vielfältige, variantenreiche Belohnungen ergänzt.

Du musst also nichts anders tun, als zu clicken/markern und danach in eine Schüssel mit Leckerchen oder einen Futterbeutel greifen und deinem Hund seine Belohnung geben. Nach einigen Wiederholungen wirst du schnell merken, dass dein Hund auf den Clicker/das Markerwort sehr freudig reagiert.

Achtung!

Sollte dein Hund zur eher ängstlichen Fraktion gehören und auf das Clickergeräusch empfindlich reagieren, nutze bitte erst einmal nur ein Markerwort. Der Clicker soll etwas Schönes für deinen Hund sein und ihn nicht ängstigen.

Wenn du merkst, dass dein Hund begriffen hat, dass der Clicker/das Markerwort eine Belohnung ankündigt, kannst du anfangen, damit zu arbeiten.

Vorsicht: Der Clicker/Marker ist kein Rückruf!

Er signalisiert deinem Hund, dass das Verhalten, während dem du geclickt/gemarkert hast, von dir sehr erwünscht war und dass jetzt eine Belohnung folgt. Dein Hund reagiert zwar sicher sehr schnell auf das Signal, nachdem du es mit Futter verbunden hast, aber wenn du das ab sofort als Rückrufsignal hernehmen möchtest, verbaust du dir die vielen genialen Möglichkeiten, die der Clicker/Marker zu bieten hat. In den nächsten Kapiteln erkläre ich dir genauer, wann du wo clickst oder dein Markersignal gibst.

Falls dein Hund den Clicker/das Markerwort nicht kennt und du keine Lust hast, dieses durchaus sinnvolle Werkzeug aufzubauen, ist das aber auch kein Beinbruch. Dann lobe deinen Hund einfach ganz dolle, wenn er etwas richtig gemacht hat und lass ihm danach seine Belohnung zukommen. Dabei ist zwar das Timing manchmal etwas ungenauer, aber das Training funktioniert in der Regel trotzdem.

Wenn im Buch die Rede von „Marker" ist, sind automatisch sowohl der Clicker, das Markerwort als auch ein dolles Lob, jeweils gefolgt von entsprechenden Belohnungen, gemeint.

Der Clicker hilft beim richtigen Timing

„Schokotorte" oder „Hiiiiieeeer"? – Das Signal

Samstagnachmittag auf der Hundwiese. Hast du schon einmal gehört, wie es klingt, wenn jemand seinen Hund ruft? „Fiffi! Fiffi, komm! Fiffi, kommst du wohl her! Hiiiiiieeeer! Ach, verdammt!" Fiffi ist derweil anderweitig beschäftigt. „The dog you called is temporarily not available." Und ganz oft ist es so, dass der Hund sich nicht einmal gerufen fühlt, da das Rückrufsignal nicht selten eher einem tinnitusverursachenden Hintergrundgeräusch als einem „Call to action" gleicht.

Geht dir das auch so?

Rufst du deinen Hund mit seinem Namen? Und wenn er dann nicht sofort kommt, hängst du dann noch wahllos diverse Signale wie „Komm hier", „Hiiieeer" oder „Jetzt sofort!" hintendran? Damit bist du nicht alleine.

Dahinter steckt oft die Hoffnung, dass irgendeins dieser vielen Signale doch bitte endlich funktionieren möge. Dabei ist es für den Hund eher verwirrend, wenn er nicht ein bestimmtes Signal für den Rückruf hört, sondern jede Menge, oft willkürliche Worte, die alle irgendwie dasselbe bedeuten sollen.

Woher soll dein Hund wissen, dass „Fiffi!!", „Fiffi, komm!!" oder „Fiffi, komm sofort her! Ich hab dir gesagt, du sollst herkommen!" dasselbe bedeuten, nämlich: „Alle vier Pfoten zu mir. Sofort!"

Das Signal, mit dem du deinen Hund rufst, ist wichtig und sollte gut überlegt sein. Am besten liest du dir zunächst dieses Buch ganz durch, sodass du einen Überblick über die Übungen erhältst. Dann weißt du, für welche Übungen du ein Signal aufbauen musst und kannst dir **vor** dem Training schon mal passende Signale überlegen und notieren.

Nehmen wir mal beispielsweise den

Wie rufst du deinen Hund?

DAS SIGNAL

„Doppelten Rückruf", den du später noch ganz genau kennenlernen wirst. Für den brauchst du zwei Signale.

Das erste Signal bedeutet:

„Dreh dich zu mir herum und schau mich an, ganz egal, was du gerade tust!" Das ist das sogenannte „Umorientierungssignal" (UO). Das UO-Signal sagt deinem Hund, dass er sich bitte aus der superspannenden Umwelt zu dir umorientieren möge.

Das zweite Signal bedeutet:

„Komm her zu mir! Ja, wirklich, ganz bis zu mir! Bitte nicht nach 20 Metern abbiegen und der Hasenspur nachgehen. Danke!"

Das ist das sogenannte „Ankersignal" (Anker). Der Anker begleitet deinen Hund auf dem Weg zu dir und motiviert ihn, schnell zu dir zu kommen.

Der Anker ist eine permanente Funkverbindung zum Hundegehirn, damit der Hund nicht auf halber Strecke verlorengeht, sondern stetig weiter auf dich zusteuert.

Lass uns doch mal gemeinsam überlegen, welches Signal als UO für den Rückruf infrage kommt.

Viele Leute rufen den Namen ihres Hundes, wenn sie etwas von ihm wollen. Das ist auch völlig in Ordnung - wenn der Name wirklich nur als Rückruf benutzt wird. Meistens ist das aber nicht der Fall. Die meisten Hunde hören den ganzen Tag „Fiffi, komm mal her", „Fiffi, mach mal Sitz", „Fiffi, du siehst heute richtig süß aus", „Fiffi, halt mal die Klappe, verdammt nochmal!", „Na, Fiffi, wollen wir mal Gassi gehen?", „Boah, hör sofort mit dem Mist auf, Fiffi!!".

Woher soll dein Hund dann wissen, dass er ab und zu zu dir kommen soll, wenn du ihn rufst? Und benutzt du immer dasselbe Signal, um deinen Hund dazu zu bringen, dich anzuschauen? Oder verwendest du mal „Hiiiiier", mal „Komm", mal „Fiffi"? Beobachte dich mal einen Tag lang selbst. Wie sagst du deinem Hund, dass er dir seine Aufmerksamkeit schenken soll?

Und wenn du ein Signal ausmachen kannst, das du meistens erfolgreich verwendest, dann mach dir mal die Mühe und erstelle eine Liste, um zu checken, ob dieses Signal als UO wirklich Sinn macht.

Die „Stunde der Wahrheit"-Liste

Es ist Zeit für die Wahrheit. Wie oft verwendest du dein UO-Signal wirklich für den Rückruf? Und wie oft fühlt sich dein Hund gut dabei, wenn du dieses Signal sagst?

Nimm dir ein Blatt Papier und einen Stift. Oben auf das Blatt Papier schreibst du dein UO-Signal (oder einfach das Signal, das du bisher für den Rückruf verwendet hast) und kritzelst dann eine Tabelle mit drei Spalten:

Eine Spalte mit (+), eine Spalte mit (-) und eine Spalte mit (anderes Signal). Und immer, wenn du deinen Hund mit deinem Rückrufsignal gerufen hast und dann etwas folgte, was für deinen Hund richtig toll war, machst du einen Strich in die Spalte mit dem (+). Du kannst in der Spalte zum Beispiel einen Strich machen, wenn dein Hund sich über das Belohnungsleckerli wirklich gefreut hat. Wenn du ihn zu seiner Futterschüssel gerufen hast. Wenn du mit ihm nach dem Rückruf Ball gespielt hast. Und so weiter.

Immer, wenn sich dein Hund nach dem Rückruf richtig, richtig freut, machst du einen Strich in der (+)-Spalte.

In der (-)-Spalte machst du einen Strich, wenn du deinen Hund gerufen hast, dein Hund sich aber nach dem Rückruf nicht freuen konnte. Zum Beispiel, wenn du ihn mit Namen ansprichst, aber eigentlich gar nicht willst, dass er zu dir gelaufen kommt. Ich meine so Sachen, wie: „Fiffi, komm, setz dich mal her. Fiffi, mach mal Platz da, ich muss da durch. Warte mal, Fiffi, ich muss meine Handtasche noch mitnehmen."

Wie oft sagst du seinen Namen, obwohl du deinen Hund eigentlich gar nicht rufst? In die (-)-Spalte kommt auch ein Strich, wenn du deinen Hund gerufen hast, er auch kommt, danach aber nichts Tolles passiert. Zum Beispiel, wenn du ihn vom Spiel mit anderen Hunden abrufst, ihn anleinst und nach Hause gehst, oder wenn du ihn aus dem Garten ins Haus rufst und dann gleich die Terrassentür zumachst.

In die (andere Signal)-Spalte trägst du immer ein, wenn du für den Rückruf ein anderes Signal benutzt hast als das, was oben auf deinem Zettel steht. Wenn du also „Fiffi, hiiiiier, komm her, du sollst herkommen!!" gerufen hast.

Nach zwei, drei Tagen nimmst du dir deine Liste vor.

DAS SIGNAL

Meine „Stunde der Wahrheit"-Liste

(+)	(−)	Anderes Signal
I I I	IIIIII	III

Wie viele Striche stehen in der (+)- Spalte?

Und? Wie sieht deine Liste aus? Schau mal darauf und vergleiche: Wie viele Striche stehen wirklich in der (+)-Spalte? Und wie viele Striche stehen in den anderen Spalten? Und verstehst du jetzt vielleicht, warum du dir über dein Signal ein paar Gedanken machen solltest? Wenn dein Hund, wenn du ihn rufst, nicht wirklich etwas Positives erlebt oder wenn du ihn ständig mit wechselnden Signalen rufst, wie soll er dann lernen, dass er auf dein erstes Rufen reagieren soll?

Das heißt: Wenn du anhand der Liste merkst, dass dein bisheriges Signal eigentlich schon verbrannte Erde ist, ist es *jetzt* an der Zeit, dass du dir ein Signal überlegst, das dein Hund eindeutig als UO-Signal identifizieren kann und das für ihn ab sofort bedeutet: „Sofort zu Frauchen/Herrchen herumdrehen und auf weitere Anweisungen warten!". Du könntest zum Beispiel statt des Namens deines Hundes einfach einen Kosenamen verwenden, der ab sofort für als UO-Signal reserviert ist. Oder du benutzt etwas ganz Abgefahrenes wie „Kiiiiwiiii". Ich kenne Hundehalter, die „Taxi!" rufen. Ganz nach Belieben. Du kannst auch pfeifen, wenn du möchtest. Ein langgezogener, intensiver Pfiff oder Triller ist ein hervorragendes UO-Signal. Hauptsache, du kommst dir dabei nicht allzu doof vor und kannst dir das Signal gut merken. Wenn es dir nicht zu lang ist, kannst du auch „Schokotorte" rufen. Dann dürfte dir die Aufmerksamkeit aller Anwesenden sicher sein. Also zumindest die der menschlichen Anwesenden...

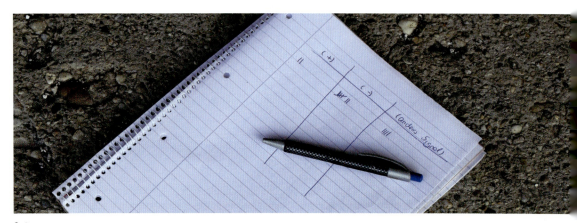

Die „Stunde der Wahrheit"-Liste

DAS SIGNAL

Du hast ein nettes UO-Signal gefunden? Prima! Dann fehlt dir nur noch der Anker, um deinen Hund daran zu erinnern, dass er ganz bis zu dir gelaufen kommen soll. Auch dann, wenn plötzlich der nette Nachbar aus der Tür kommt oder wenn eine Wildspur rechts vom Weg lockt. Dieses Signal gibst du immer dann, wenn dein Hund sowieso schnell auf dich zugelaufen kommt.

Oft es ist so, dass Hundehalter ihren Hund anfeuern, wenn er zu ihnen gelaufen kommt. Weil es funktioniert und der Hund dann viel mehr Gas gibt, als wenn der Halter nach einem Rückruf die Hände in den Hosentaschen vergräbt oder sich die Fingernägel feilt, bis der Hund (wenn überhaupt) bei ihm ankommt. Wenn jemand immer dasselbe Anfeuerungssignal benutzt, ist das schon fast so etwas wie ein Anker, denn der Hund weiß: „Ja, immer weiter bis zu Frauchen/Herrchen laufen und dann gibt´s was Feines."

Und wenn das Anfeuern schon so planlos ziemlich gut funktioniert - was meinst du, wie gut das funktioniert, wenn du das bewusst und planmäßig einsetzt?

Also suchst du dir jetzt noch ein passendes Ankersignal. Etwas, was knackig klingt und was dir gut über die Lippen geht. Es sollte etwas sein, was du längere Zeit (wenn dein Hund mal weiter weg ist von dir) rufen kannst, ohne dass dir die Puste ausgeht.

Die Pfeife hilft beim Ankern

Beispiele: „Yippie...yippie...yippie..." oder „Zack...zack...zack..." oder du pfeifst „kurzer Pfiff...kurzer Pfiff...kurzer Pfiff...". Der Anker ist also ein Intervallsignal, das mit einer kleinen Pause zwischen den Signalen immer wieder wiederholt wird, bis dein Hund bei dir angekommen ist.

Mach hier eine kurze Pause, bis du dir zwei passende Signale überlegt hast. Schreibe sie dir auf, sodass du sie so schnell nicht wieder vergisst.

Außerdem brauchst du noch Signale für die weiteren Übungen aus diesem Buch:

- Geschirrgriff
- Umkehrsignal „Turn"
- Ableinen
- Anleinen

Damit kannst du dir aber Zeit lassen, bis du die Übungsbeschreibungen verinnerlicht hast. Jetzt ging es erst einmal darum, dass du dir darüber im Klaren sein solltest, dass das Signal, das du verwendest, Einfluss darauf hat, wie gut dein Training funktioniert.

Und dann geht's weiter mit den richtigen Belohnungen. Ja, sorry, die Theorie gehört einfach dazu. Je strukturierter du an dein Training herangehst, desto mehr Erfolg wirst du haben.

Tipp!

Wenn du Wortsignale verwendest, achte von Anfang an darauf, dass du sie im Training manchmal mit gespielt panischer Stimme rufst. Stelle dir dabei einfach vor, dass dein Hund gerade dazu ansetzt, einen Hasen zu jagen. Dann hast du die richtige Tonlage und dein Hund ist nicht verwirrt, wenn du im Ernstfall tatsächlich einmal so panisch rufst, weil du deine Stimme dann verständlicherweise nicht perfekt unter Kontrolle hast.

„Leckerchen, fliiieeeeg"
Die richtigen Belohnungen

Achtung: Hier kommt (abgesehen von den Trainingsschritten) das wichtigste Kapitel dieses Buchs. Dein Rückruftraining steht und fällt mit den richtigen Belohnungen. Eine befreundete Hundetrainerin hat mal gesagt: „Die Belohnung von heute ist die Motivation von morgen". Und genau so ist es. Was du heute an Belohnungen in deinen Hund beim ganz normalen Training investierst, macht sich morgen beim Rückruf vom liebestollen, distanzlosen Suizidhasen schwer bezahlt.

„Aber ich will, dass er mir einfach so folgt, ganz ohne Belohnungen!" Dieser Wunsch ist verständlich. Nur leider spielt das Hundegehirn da nicht mit. Ist dein Hund ohne Leine, kann er sich aussuchen, ob er zu dir gelaufen kommt oder nicht. Das Gehirn deines Hundes entscheidet darüber. Und es entscheidet sich für die Variante, die sich gut anfühlt. Das ist völlig normal. Das ist bei uns Menschen auch so. Die Folge ist: Es muss sich für deinen Hund mindestens so gut anfühlen, deinem Rückruf zu folgen, wie es sich für ihn anfühlt, wenn er die Katze weiter hetzt. Und da schließt sich der Kreis zu den Belohnungen. Natürlich können wir unserem Hund keine Katzenhatz ersetzen, müssen wir aber auch gar nicht. Es reicht aus, wenn dein Hund lernt, dass es sich immer supergut anfühlt, zu dir gelaufen zu kommen. Und das lernt er, wenn du ihn einfach so zwischendurch immer wieder mal rufst, ohne dass was los ist und ihn dafür mit Dingen belohnst, die ihm so richtig Spaß machen.

Das Hundehirn entscheidet

DIE RICHTIGEN BELOHNUNGEN

Nicht alles ist 'ne feine Belohnung

Und mit „so richtig Spaß machen" sind wir auch gleich beim wichtigsten Belohnungspunkt. „Wenn da plötzlich der Hase vor meinem Hund aufspringt, dann kann ich meine Leckerchen auch selbst essen. Die nimmt der dann nicht mehr und ist weg!" Kommt dir das bekannt vor?

Könnte das vielleicht daran liegen, dass dein Hund in den Moment, in dem der Hase aufspringt, andere Interessen hat, als ein Stückchen Trockenfutter zu fressen? Könnte es vielleicht sein, dass er in diesem Augenblick viel lieber - Überraschung - hetzt, rennt, packt? Dann ist es auch kein Wunder, dass er auf dich nicht reagiert. Auch dann nicht, wenn du mit der Leberwurst winkst. Und erst recht nicht, wenn er genau weiß, dass es bei dir immer dasselbe Trockenfutter/Leckerchen/Leberwurst gibt. Da lockt die Hasenhatz doch schon eher.

Hast du auch schon mal die Trainingsanweisung gehört „Du rufst deinen Hund und wenn er folgt, bekommt er ein Leckerchen."?

Das ist ja prinzipiell schon mal nicht schlecht - wenn dein Hund das Leckerchen mag und wenn es für ihn in dem Moment, in dem du rufst, wirklich eine Belohnung darstellt. Oft scheitert der Rückruf schon daran, dass der Hund, der freudig angeflitzt kommt, plötzlich feststellt: „Igitt, was gibt sie mir denn da? Das mag ich aber nicht!". Tja, dann ist's auch keine Belohnung. Das liegt auch nicht an der Sturheit deines Hundes, sondern einfach daran, dass das Belohnungszentrum im Hundegehirn nicht angesprochen wird. Und wird das nicht angesprochen, entscheidet das Gehirn beim nächsten Mal, wenn der Hund gerufen wird, vielleicht so, dass sich das Zurückkommen nicht lohnt.

Es gibt auch nicht selten Menschen, die eigentlich der Meinung sind, dass der Rückruf auch ganz ohne Belohnungen funktionieren sollte. So nach dem Motto: „Nicht gestraft ist Belohnung genug." Wenn wir auf dem Hundeplatz über dieses Thema reden und ich iden Kunden erkläre, wie wichtig die passenden Belohnungen sind,

Manche Leckerchen frisst kein Hund gerne

erklären sie sich manchmal widerwillig bereit, in der nächsten Stunde wenigstens mal ein paar Futterbelohnungen mitzubringen, um auszuprobieren, ob ihr Hund darauf vielleicht besser reagiert als auf das bisherige Köpfchentätscheln. Um sich nicht völlig die Blöße zu geben, wenn ich sage „Ich möchte, dass du deinen Hund belohnst, wenn er kommt", verwenden sie dann staubtrockene Trockenfutter-Bröckchen („Die mag er zu Hause auch ganz gern."), die sie dann auch noch in den Händen zerkleinern, damit der Hund ja nicht zu viel belohnt wird. Und wenn der Hund dann nicht folgt und etwas angeekelt die Nase rümpft, heißt es: „Siehste, das funktioniert nicht." Und das funktioniert dann natürlich erst recht nicht, wenn die Katze plötzlich aufspringt und vor der Nase deines Hundes über die Straße läuft. Wie mag sich dein Hund wohl fühlen, wenn er als Belohnung für einen Rückruf, bei dem er seine ganze Selbstbeherrschung aufbringen muss, ein paar zerfledderte, mit Staubflusen aus der Hosentasche vermischte Trockenfutterbröckchen bekommt? Fühlt er sich da besser oder schlechter, als wenn er der Katze weiter nachgelaufen wäre? Und wie mag dann wohl der nächste Rückruf in einer ähnlichen Situation aussehen? Du darfst raten.

DIE RICHTIGEN BELOHNUNGEN

Apropos Köpfchentätscheln: Ich habe bei vielen Hunden beobachtet, dass die Vierbeiner das Kopftätscheln beim Spaziergang gar nicht so super finden. Wie das bei deinem Hund aussieht, kannst du ganz leicht feststellen: Wenn dein Hund angelaufen kommt und du streckst die Hand aus, um den Kopf zu tätscheln: Weicht er dann aus? Duckt er sich? Dreht er den Kopf weg? Sprich, musst du nachrücken, um deinen Hund doch noch streicheln zu können? Wenn ja, dann dürfte klar sein, dass er das Kopftätscheln ziemlich blöd findet. Wenn du dir nicht sicher bist, lass dich dabei mal filmen. Und wenn dein Hund dann ein Gesicht macht wie du, als deine Mutter früher ins Taschentuch gespuckt und dir die Mundwinkel sauber gewischt hat, dann kannst du davon ausgehen, dass das Kopftätscheln keine Belohnung ist, die ziemlich weit oben auf der „Will-ich-Hitliste" deines Hundes steht. Such dir lieber etwas anderes, was dein Hund wirklich mag und lass beim Spaziergang die Finger vom Gesicht deines Hundes.

Das gilt auch, nachdem du ihm ein Guttie zur Belohnung gegeben hast. Manche Leute können es einfach nicht lassen und grabbeln ihrem Hund nach einer Futterbelohnung noch schnell im Gesicht herum, um ihre Zuneigung zu zeigen. Das ist ja wirklich lieb gemeint, aber wenn dein Hund das während eures Spaziergangs nicht toll findet, lass es einfach und knuddle ihn dann, wenn ihr beide in Knuddel-Laune seid, was meistens daheim in entspannter Stimmung der Fall ist.

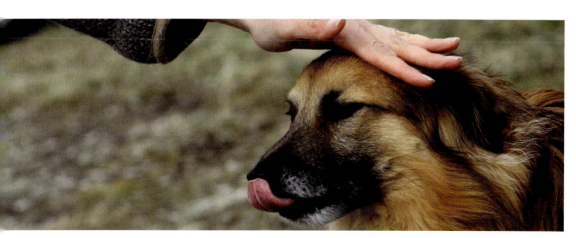

Köpfchentäscheln ist oft keine gute Belohnung

Was dein Hund mag

Du erinnerst dich noch an die Anweisung „Du rufst deinen Hund und wenn er folgt, bekommt er ein Leckerchen", oder? Und du verstehst, warum das nicht immer sinnvoll ist, oder?

Besser wäre die Anweisung „Du rufst deinen Hund und wenn er folgt, bekommt er etwas, was er in diesem Moment richtig gerne mag." Klingt anders, oder? Das, was er richtig gerne mag, ist nicht den ganzen Tag über gleich. Ich persönlich mag total gerne ein herbes Pils und dazu ein Stückchen Schokolade. Ja, das ist schräg, ich weiß.

Aber: Ich kann glaubhaft versichern, dass ich Pils und Schoki zwar abends um halb acht, nach einem tollen Arbeitstag großartig finde, morgens um halb sechs zum Frühstück davon aber weniger begeistert bin. So ähnlich geht es deinem Hund auch. Beim Morgenspaziergang in der Frühlingssonne ohne große Ablenkungen hat dein Hund bestimmt Lust auf ein Stückchen Wiener. Mittags, wenn die Halb-Eins-Katze plötzlich vorbeirennt, sieht das aber anders aus. Da kannste dir deine Wiener auch selbst futtern, so als Pausensnack, während dein Hund um die nächste Ecke verschwindet und die Katze auf den Baum jagt. Tja, woher weißt du denn, was dein Hund wann mag? So schwer ist das gar nicht. Geh in Gedanken einfach mal einen Spaziergang durch.

Oder noch besser: Nimm dir Stift und Papier mit auf deinen Spaziergang und notiere: Was tut er da gerne? Jagt er gerne seinen Ball? Frisst er gerne? Buddelt er gerne da, wo es möglich ist? Rennt er gerne? Schnüffelt er gerne? Hetzt er gerne? Wälzt er sich gerne? Und wie ist das in Situationen, in denen er nicht so einfach abrufbar ist? Was würde er da am liebsten tun? Einen Hundekumpel begrüßen? Die Katze hetzen? Einen Fahrradfahrer verfolgen? Einen Fußgänger begrüßen? Schreibe alles auf, was dir ein- und auffällt.

Auch die Dinge, die eklig oder verboten sind, wie zum Beispiel Pferdeäpfel fressen, sich in Fuchskot wälzen oder die Nachbarskatze erschrecken. Und dann schau dir diese Liste ganz genau an, denn sie spiegelt die Bedürfnisse deines Hundes wieder. Das sind alles Hobbys, denen dein Hund gerne nachgeht.

DIE RICHTIGEN BELOHNUNGEN

Aus diesen Hobbys kannst du drei Arten der Belohnung basteln:
- Sofort umsetzbare Belohnungen (das Fast Food unter den Belohnungstypen)
- Belohnungssequenzen (das Fünf-Gänge-Menü)
- Ersatzbelohnungen (die zuckerfreie Variante)

Schreibe eine Belohnungsliste

Sofort umsetzbare Belohnungen (Das Fast Food)

Aus manchen dieser Hobbys kannst du sofort tolle Belohnungen basteln. Wenn dein Hund gerne dem Ball nachjagt, dann kannst du das wunderbar als Belohnung kontrolliert einsetzen. Das heißt natürlich nicht, dass du den Ball permanent werfen und deinen Hund damit völlig gaga machen sollst. Du kannst ihn aber sehr gezielt und kontrolliert als Belohnung für einen tollen Rückruf verwenden.

Das funktioniert aber nur, wenn dein Hund in dem Moment, in dem du den Ball wirfst, wirklich gerne Ballspielen mag. In der kühlen Morgenfrische, wenn er noch ein wenig aufgedreht ist, funktioniert ein Ballspiel als Belohnung vielleicht besser als nachmittags, wenn es draußen heiß ist und dein Hund eigentlich lieber im kühlen Schatten liegen mag. Willst du auf Teufel komm raus immer zur Belohnung mit dem Ball spielen, kann es gut sein, dass dein Hund irgendwann nicht mehr auf den Rückruf reagiert, weil er denkt: „Neeee, da komm ich besser nicht, sonst muss ich wieder dem blöden Ball hinterherrennen."

Andere sofort einsetzbare Belohnungen sind zu Beispiel: Futter, Streicheln (nur, wenn dein Hund das beim Spaziergang mag, was häufig nicht der Fall ist!), überschwänglich loben, den Lieblingstrick ausführen lassen und so weiter. Wasser ist im Sommer eine sehr beliebte Belohnung. Du nimmst, wenn es etwas wärmer ist, doch sicher sowieso Wasser mit auf den Spaziergang. Warum dafür nicht mal etwas gekühlte Brühe verwenden? Und wenn du deinem Hund sowieso etwas zu trinken geben möchtest, dann verbinde das doch mit deinem Rückruf. Ruf ihn zu dir und als Belohnung gibt es dann kein staubtrockenes Leckerchen, sondern erfrischende, gekühlte Brühe. Die kommt ganz sicher sehr gut an.

Futter kannst du sofort als Belohnung einsetzen

DIE RICHTIGEN BELOHNUNGEN

Dinge, die du mit Ball oder Gutties tun kannst

Hach, manchmal bin auch ich ein wenig unkreativ. Dann müssen eben Spielzeug und Leckerchen reichen. Aber es steht nirgendwo geschrieben, dass ich meinem Hund ein Spielzeug unbedingt werfen oder ein Leckerchen einfach in den Mund stecken muss.
Es gibt so viel mehr. Brauchst du ein paar Anregungen, wie du Spielzeug oder Leckerchen attraktiver machen und damit der Motivation deines Hundes etwas mehr entsprechen kannst?
Dann mal los!

Wenn deinem Hund das Ballspiel oder das ewige Trocken-Leckerchen schon zum Hals heraushängt, kannst du beide Dinge für ihn aber noch einmal spannender machen und sie so besser als Belohnung einsetzen. Lass doch mal deine Phantasie spielen.
Wie könntest du ein Spielzeug oder ein Guttie abwechslungsreich präsentieren? Aber okay, bevor du dir jetzt den Kopf zerbrichst, helfe ich dir ein wenig.

Futter und Spielzeug bieten unendliche Belohnungsmöglichkeiten

Das sind die beliebtesten Spiele mit Spielzeug oder Guttie:

- Über den Boden rollen
- Fliegen lassen
- Deinem Hund zuwerfen
- Von ihm weg werfen
- Im Gebüsch verstecken
- Auf Äste spießen
- Unter Laubhaufen verstecken
- In Astlöcher stecken
- Als Zerrspielzeug verwenden (dafür kannst du auch deinen Futterbeutel nehmen, wenn der stabil genug ist)
- Bei dir am Körper verstecken und den Hund dort suchen lassen
- In eine Papiertüte oder Zeitungspapier stecken und diese zerrupfen lassen
- So ins Gebüsch werfen, dass es interessante Raschelgeräusche macht
- Eine Spur legen, bei der der Hund das Spielzeug/Futter am Schluss findet
- In einem alten Mauseloch verstecken
- Mehrere Gutties/Spielzeuge verstecken und den Hund nacheinander suchen lassen
- Guttie/Spielzeug vor der Hundenase langsam bewegen und den Hund darauf lauern lassen, bevor es im weiten Bogen weggeworfen wird und der Hund es holen darf

DIE RICHTIGEN BELOHNUNGEN

Und ein paar zusätzliche Ideen von Hundetrainern aus einem Seminar, das ich gehalten habe (und die ich sofort notiert habe, um sie hier noch unterzubringen - danke, Leute!):
- Paste schlecken lassen
- Futter aus einer Futtertube schlecken lassen
- Den Hund raten lassen, in welcher Hand das Leckerchen versteckt ist
- Ein Ei mit auf den Spaziergang nehmen und es zur Belohnung auf den Boden werfen, damit der Hund es ausschlecken kann (Danke, Josi, für die tolle Idee)
- Leckerchen oder Spielzeug in ungefährliche, flache Gewässer werfen und den Hund tauchen lassen
- Kleine Vertiefungen aus einem Eierkarton mit auf den Spaziergang nehmen und den Hund das Leckerchen da rausbasteln lassen
- Leckerchen auf ein aufgestelltes Bein legen und dann mit den Fingern wegschnippen, so dass der Hund es fangen kann
- Größere Leckerchen oder Spielzeug an eine Schnur binden und es den Hund erjagen lassen
- Leckerchen in Baumrinde drücken und es den Hund abschlecken lassen
- Im Winter unter sauberem Schnee verstecken oder in Wildspuren legen

Du siehst, es gibt irre viele Möglichkeiten, deinen Hund mit Futter oder Spielzeug zu belohnen. Das Schöne dabei: Du musst nicht kiloweise unterschiedliche Leckerchen oder 28 verschiedene Spielzeuge mit auf deinen Spazierweg nehmen, nur damit es nicht langweilig wird.

Und in einer Hinsicht ist diese Abwechslung in Sachen Futter oder Spielzeug besonders wichtig, nämlich für Hunde, die Nahrungsmittelunverträglichkeiten haben und nur ganz bestimmte, superlangweilige, blöde Leckerchen haben dürfen. Oder für Hunde, die nicht mehr so viel rennen und das „normale" Ballspiel nicht mehr machen dürfen. Die Abwechslung, mit der das Futter und/oder das Spielzeug präsentiert werden, wertet die Belohnung, die der Hund eigentlich eher fad findet, massiv auf und hilft so, den Hund auch mit langweiligen Leckerchen zu belohnen oder mit einem Ball, der nicht immer wild durch die Gegend springen muss.

Im Gegensatz zu Futter oder Spielzeug gibt es auch Hobbys, die du nur in ganz bestimmten Situationen als Belohnung einsetzen und nicht einfach so mit dir rumschleppen kannst.

Zum Beispiel: Nach dem Rückruf den Superoberhundekumpel begrüßen dürfen. Das geht halt nur dann, wenn der Superoberhundekumpel zufällig des Weges kommt.

Andere Belohnungen, die aus der Umwelt kommen und die du nicht überall und an jeder Stelle einsetzen kannst, sind zum Beispiel: Buddeln, Wälzen, Schnüffeln, Rennen, Wittern, etwas Anschauen oder Näher Untersuchendürfen und so weiter.

Diese Hobbys kannst du wunderbar als Belohnung einsetzen, wenn die Situation gerade passt. Der Haken bei diesen Umweltbelohnungen ist, dass dein Hund auch verstehen muss, dass er jetzt gerade von dir belohnt wird. Es freut ihn ganz sicher dolle, wenn er

Spielendürfen ist eine sehr beliebte Belohnung

DIE RICHTIGEN BELOHNUNGEN

Belohnungssequenzen (Das Fünf-Gänge-Menü)

seinen Best Buddy begrüßen darf, aber deinem Rückruf bringt es genau gar nichts, wenn dein Hund nicht versteht, dass du ihn mit dem Begrüßendürfen für einen guten Rückruf belohnt hast. Um deinem Hund auch verständlich zu machen, dass Rückruf und Umweltbelohnung zusammenhängen, solltest du einen bestimmten Ablauf einhalten. Diesen Ablauf nennt man eine „Belohnungssequenz".

Eine Sequenz besteht aus folgenden Teilen (Ja, das sind fünf, deswegen „Fünf-Gänge-Menü". Hach, manchmal bin ich unfassbar kreativ!):

1. Rückrufsignal — Du rufst deinen Hund zu dir
2. Benennen — Du sagst deinem Hund, welche Belohnung jetzt folgt
3. Beginnen — Du gibst diese Belohnung für deinen Hund deutlich erkennbar frei
4. Begleiten — Während die Belohnung andauert, klinkst du dich freundlich in die Belohnung
5. Beenden — Du beendest die Belohnungssequenz und ihr geht weiter eurer Wege

Rückruf

Zum genauen Aufbau des Rückrufs kommen wir später, wenn du deine theoretischen Hausaufgaben erledigt hast. Glaub mir, das Training wird dir dann viel leichter von der Hand gehen.

Benennen

„Benennen" bedeutet, dass du deinem Hund, wenn er auf dich konzentriert ist, sagst, welche Belohnung jetzt folgt. Das Benennen hat mehrere Vorteile. Zum einen kannst du, wenn dein Hund gerade schnurstracks auf dich zuläuft, schon einmal ankündigen, was jetzt gleich als Belohnung folgt. Wenn ihm das richtig gut gefällt, wird er dann nochmal eine extra Portion Gas geben. Zum anderen leitest du damit für deinen Hund gut erkennbar die Belohnungssequenz ein, sodass er verstehen kann, dass du ihn jetzt gleich belohnen wirst.

Du kannst zum Beispiel sagen „Buddeln", bevor du ihn zum Buddelloch schickst (bitte nur da, wo es erlaubt ist und nicht stört oder gar gefährlich ist). Du kannst sagen „Spielen", wenn du ihn zum Best Buddy schickst. Du kannst sagen „Schnüffeln", wenn du ihn zu einer superinteressanten Schnüffelstelle schickst.

Beginne zunächst mit einem Verhalten, das dein Hund recht häufig zeigt und das du gut als Belohnung einsetzen kannst. Wenn du zum Beispiel jeden Tag an derselben, superinteressanten Schnüffelstelle vorbeikommst, bei der du dir sicher bist, dass dein Hund wirklich jeden Tag die Nase da reinsteckt, dann kannst du hier anfangen, dich im Aufbau von Belohnungssequenzen, in diesem Fall „Schnüffeln", zu üben. Später, wenn du mit dem Ablauf richtig gut vertraut bist, kannst du die Sequenzen auch auf andere Belohnungen ausdehnen.

Du rufst also deinen Hund zu dir und im besten Fall kommt dein Hund auch. Gib das „Schnüffeln"-Signal, wenn dein Hund gerade voll auf dich konzentriert ist, also dann, wenn er gerade volle Kanne zu dir gelaufen kommt und dich anschaut oder dann, wenn er schon bei dir angekommen und mit seiner Aufmerksamkeit voll bei dir ist.

So gehst du sicher, dass dein Hund auch wahrnimmt, dass jetzt von dir etwas Gutes kommt. Sage „Schnüffeln" bitte nur dann, wenn du dir sicher bist, dass dein Hund die Schnüffelstelle, die du

DIE RICHTIGEN BELOHNUNGEN

ihm zeigst, auch wirklich klasse finden wird. Du solltest dir sicher sein, dass du die Belohnung (hier das interessierte Schnüffeln) auch wirklich auslösen kannst und dass dein Hund als Nächstes auch wirklich das Verhalten zeigt, das du benennst.

Wenn er die Schnüffelstelle nämlich nur mäßig spannend findet und stattdessen nach deinem „Schnüffel"-Signal lieber dem plötzlich auftauchenden Hasen hinterher hetzt, konnte er das „Schnüffeln" sicher nicht mit einer Schnüffelbelohnung verbinden.

Achte also beim Aufbau deines Signals darauf, dass du das Signal nur dann gibst, wenn du dir sicher bist, dass dein Hund das erwünschte Verhalten, das du zur Belohnung einsetzen möchtest, auch wirklich als Nächstes zeigen wird. Also: Du sagst „Schnüffeln" und benennst damit die Belohnung, die jetzt folgt.

Beginnen

Als Nächstes gibst du die Belohnung frei. Wenn dein Hund dich anschaut, kannst du dich nach dem „Schnüffeln"-Signal zum Beispiel von deinem Hund abwenden und ihm dann die Schnüffelstelle zeigen, so dass er dort hinläuft und interessiert schnuppert. Achte darauf, dass dein Hund wirklich erst dann zur Schnüffelstelle geht, nachdem du ihm die Freigabe erteilt hast.

So gehst du sicher, dass er auch versteht, dass die Belohnung von dir kommt. Außerdem gewöhnt er sich so daran, dir nach einem erfolgten Rückruf so lange die volle Aufmerksamkeit zu schenken, bis du ihm seine verdiente Belohnung zukommen lässt. Das verhindert, dass dein Hund nach einem Rückruf nur kurz bei dir eincheckt und gleich wie-

Du gibst die Belohnung frei

der Gas gibt und weiterläuft, vor allem dann, wenn er eigentlich auch mal einen Augenblick bei dir warten müsste, weil die Situation es erfordert. Sollte er vorher schon abdüsen wollen, kannst du ihn vorsichtig an der kurzen Leine halten (nicht rucken!) und warten, bis er dich wieder anschaut. Wenn er sich zu dir umschaut, kannst du die Belohnung freigeben. Achte in diesem Fall beim nächsten Mal darauf, dass du den Rückruf so gestaltest, dass dein Hund nicht so abgelenkt ist und auf jeden Fall gerne zu dir kommt und auf seine Belohnung wartet, statt sich die Belohnung ohne Freigabe selbst holen zu wollen.

Also: Du beginnst durch deine Freigabe mit der angekündigten Belohnung.

Begleiten

Das Begleiten ist wichtig, damit dein Hund dich während der Belohnung nicht völlig ausblendet. Es könnte zum Beispiel passieren, dass du deinen Hund zu einem Buddelloch schickst und er sich dann fleißig ranhält, sich so schnell wie möglich bis nach Australien durchzubuddeln und du bist abgemeldet. Das heißt zwar, dass deine Belohnung richtig, richtig gut war, kann aber auch bedeuten, dass dein Hund so hohl dreht, dass du ihn schließlich vom Buddelloch wegzerren müsstest und das ist nicht der Sinn der Sache.

Damit das nicht passiert, bringst du dich immer wieder auf eine nette Weise in die Belohnung mit ein. Du begleitest deinen Hund, während er mit der Belohnung, die du freigegeben hast, beschäftigt ist.

Die Begleitung kann so aussehen, dass du ihn lobst, während er seiner Beschäftigung nachgeht.

Du stellst dich nah zu ihm und redest freundlich mit ihm. Oder du nutzt ein paar Gutties, um dich einzubringen. Du könntest zum Beispiel, wenn dein Hund eine Schnüffelstelle aufsucht, noch ein paar Gutties auf die Stelle legen, so dass er sie fressen kann, während er sich mit dem Geruch beschäftigt. Oder du legst die Gutties noch ins Buddelloch.

Möglich wäre auch, dass du ein wenig mit deinem Hund zusammen buddelst. Vielen Hunden macht das richtig Spaß. Und auch hier nochmal der Hinweis: Buddel-Belohnungen bitte nur dort verwenden, wo das möglich und sicher ist (und das Loch hinterher bitte wieder füllen).

Nicht jeder Landwirt hat es gern, wenn sein mühsam eingesätes Feld auf ein-

DIE RICHTIGEN BELOHNUNGEN

mal zum Bomben-Testfeld mutiert. Und auch Feldmäuse haben ein Recht auf Leben. Aber da, wo es geht und niemandem schadet, kannst du mit deinem Hund gemeinsam kleine Buddelsessions einlegen.
Wenn du dich nett einbringst, verhinderst du, dass dein Hund dich völlig ausblendet und erreichst, dass er auch während einer richtig guten Belohnung ansprechbar bleibt und dich wahrnimmt. Das ist wichtig für den nächsten Schritt, das Beenden.
Also: Du begleitest deinen Hund während der von dir ausgesuchten und freigegebenen Belohnung.

Du bringst dich mit ein

Beenden

Achtung, jetzt kommt etwas Wichtiges. Du gibst deinem Hund die Belohnung nicht nur frei, sondern du beendest sie auch wieder. Und zwar beendest du die Belohnung entweder, wenn du merkst, dass dein Hund langsam die Lust verliert, oder du beendest sie, wenn du merkst, dass dein Hund durch die Belohnung zu sehr hochfährt und nicht mehr gut ansprechbar ist.

In beiden Fällen gibst du ein freundliches, aber deutliches „Ende"-Signal. Du kannst deinem Hund zum Beispiel sagen: „Na, bist du fertig? Dann gehen wir weiter". Oder du sagst einfach „Weiter" und wendest dich in die Richtung, in die du gehen möchtest. Wenn dein Hund eh schon langsam die Lust an der Belohnung verloren hat, wird er dein Angebot sicher gerne annehmen und sich freuen, dass der Spaziergang weitergeht und er jetzt wieder etwas Neues entdecken kann. Wenn er mitgeht, lobst du ihn und ihr geht einfach weiter eurer Wege.

Sollte dein Hund durch die Belohnung ein wenig am Rad drehen und nicht mehr gut ansprechbar sein, macht es Sinn, dass du ihn zunächst ein wenig abregst, bevor ihr weitergeht. Wenn er zum Beispiel im Ballspiel völlig abdreht, kannst du ihn den Ball ein wenig herumtragen lassen, ohne weiter mit ihm zu spielen. Wenn er ruhiger wird, lässt du dir den Ball mit einem freundlichen „Ende"-Signal geben und steckst den Ball dann ein.

Damit dein Hund noch mehr runterfährt und nach dem Einstecken des Balls nicht noch stundenlang an dir hochspringt,

Du beendest die Blohnung

DIE RICHTIGEN BELOHNUNGEN

kannst du ein paar Leckerchen am Boden verstreuen und ihn die Leckerchen suchen lassen. Wenn er wieder klar im Kopf ist, geht ihr weiter eurer Wege und du nimmst dir vor, deinen Hund beim nächsten Mal nicht mehr ganz so hochfahren zu lassen. Das Gleiche gilt zum Beispiel für Buddel-Belohnungen, bei denen das Hundehirn auch mal gerne ins Nirwana abwandert.

Achte immer darauf, dass du deinen Hund nach Action-Belohnungen wieder auf Normal Null zurückfährst, damit der Rest des Spaziergangs entspannt verläuft und dein Hund nicht wie ein Duracell-Kaninchen aufgezogen vor dir herspringt und sich aus lauter Weiß-nicht-wohin-mit-der-Energie das nächste Reh schnappen will.

Je gechillter ihr seid, desto besser. Das heißt nicht, dass Action-Belohnungen nicht sein dürfen, im Gegenteil! Es sind Dinge, die dein Hund gerne tut, also setze sie als Belohnung ein! Achte aber darauf, dass die Action kontrolliert bleibt und beende die Belohnungssequenz immer mit ein wenig Entspannung, um deinen Hund wieder abzukühlen.

Also:
Beende die angekündigte, freigegebene, von dir begleitete Belohnung freundlich und ruhig.

Mit dem Beenden der Belohnung erkennt dein Hund mit der Zeit eine ganz klar umrissene Belohnungssequenz, die immer nach dem gleichen Schema abläuft:

1. Rückrufsignal
2. Benennen
3. Beginnen
4. Begleiten
5. Beenden

Um den Ablauf zu verinnerlichen, bietet es sich an, zunächst mit supersimplen Belohnungen anzufangen.

Du kannst zum Beispiel deinen Hund heranrufen (Rückrufsignal), ihm „Aufsammeln" sagen (Benennen) und ihm eine Handvoll Gutties auf den Boden werfen. Dann schickst du ihn zum Suchen (Beginnen), begleitest ihn, indem du mit den Fingern „mitsuchst" und ihm das ein oder andere Guttie zeigst und ihn lobst (Begleiten). Wenn ihr fertig seid mit Suchen, sagst du „Wir gehen weiter" und dann geht ihr weiter eurer Wege (Beenden). Selbstverständlich würde dein Hund auch ohne dein „Aufsammeln"-Signal und ohne das Fünf-Gänge-Brimborium sofort verstehen, dass du ihn gerade belohnst. Aber gerade weil er das auf jeden Fall versteht, ist das eine gute Gelegenheit, das Prozedere zu üben für die Belohnungen, die du nicht einfach so auf den Boden werfen kannst. Wenn du diesen Ablauf einhältst, versteht dein Hund, dass er für den Rückruf belohnt wird, indem du ihm etwas freigibst, was er großartig findet. So kannst du deinen Hund mit Dingen belohnen, die er eh als Nächstes tun wollte und die du nicht einfach mit dir rumschleppen kannst.

So ein Hundekumpel zum Begrüßen passt halt nicht in jede Jackentasche, ist aber über eine Belohnungssequenz wunderbar einsetzbar. So zeigst du deinem Hund, dass du nicht der Spielverderber bist, wenn du ihn rufst, sondern dass wahnsinnig tolle Dinge an deiner Seite auf ihn warten. Denke immer daran: Ist dein Hund ohne Leine, kann er es sich aussuchen, ob er die Katze hetzen oder doch lieber zu dir kommen möchte.

Belohnungsersatz für alles, was eklig oder verboten ist (die zuckerfreie Variante)

Wenn dein Hund am liebsten Fahrradfahrer verfolgt, supereklige Sachen vom Boden frisst oder Eichhörnchen den Baum rauf jagt, wären das natürlich geniale Belohnungen. Die kannst du aber weder direkt noch als Belohnungssequenz einsetzen, denn die Gefahr ist groß, dass dein Hund entweder selbst zu Schaden kommt oder bei anderen Menschen oder Tieren Schaden verursacht. Das geht selbstverständlich nicht!
Für Dinge, die absolut eklig oder verboten sind, kannst du aber möglichst hochwertige Ersatzhandlungen schaffen. Die

rufen bei deinem Hund dann vielleicht nicht die absolut euphorieträchtige, schwindelerregende Freude hervor wie das Original, aber die zweitbeste Belohnung ist immer noch besser als gar keine Belohnung.
Überlege dir in solchen Situationen: Was treibt deinen Hund an? Was will er? Will er rennen? Dann mach doch zur Belohnung mit deinem Hund ein Rennspiel auf Signal! Eins, bei dem er richtig durchstarten und sich verausgaben kann! Will er vielleicht etwas packen? Für so etwas eignet sich ganz besonders

DIE RICHTIGEN BELOHNUNGEN

gut ein Fellspielzeug an einer Schnur, das er mit Karacho verfolgen, reinpacken und zerren kann. Will er vielleicht begeistert zu Passanten hinlaufen, hochhüpfen und das Gesicht abschlecken? Sowas kann dein Hund auch bei dir haben! Wenn du ihn von Passanten abrufst, könnte es zum Beispiel eine passende Belohnung sein, wenn du ihn auf Signal auf deinen Arm (oder bei größeren Hunden mit den Vorderpfoten auf deinen Unterarm) springen lässt und ihn durchkuschelst. Oder wenn du ihn fest an deine Beine drückst und ihn dort ein wenig verschmust, wenn er das mag. Es gibt so wahnsinnig viele Möglichkeiten.

Manchmal sind perfekte Belohnungen sehr einfach zu finden

Nimm das, was da ist. Meine Hunde sind zum Beispiel immer voll darauf abgefahren, wenn ich auf einem Grashalm gepfiffen habe. Vielleicht kennst du das noch aus Kindertagen. Mit dem Grashalm wurden sie von mir immer ein wenig geneckt und am Schluss durften sie sich den weichen Halm schnappen und zerrupfen. Das Geräusch in Verbindung mit meiner auffordernden Spiel-Körpersprache plus Schnappen plus Zerrupfen war immer ein absolutes Belohnungs-Highlight. Eine Freundin von mir füllt regelmäßig schmieriges Feuchtfutter in eine Papier-Butterbrottüte und nimmt das in einer kleinen Dose mit auf den Spaziergang. Wenn sie ihre Ridge-

Spielzeug an der Schnur zum Hetzen

back-Hündin vom Hasen abpfeift (was mittlerweile grenzgenial funktioniert), holt sie die Tüte aus der Dose und wirft die tropfende Tüte ins Gebüsch, so dass es raschelt. Ihre Hündin verfolgt dann die Tropfenspuren, findet die Tüte, darf sie zerreißen und durch die Gegend werfen und in Ruhe alles Fressbare aufschlecken. Für ihren Hund ist das die Superbelohnung. Was mag dein Hund? Ich bin sicher, du findest eine Menge Dinge, mit denen du belohnen kannst, wenn du dir ein wenig Zeit nimmst, um zu beobachten und deine Phantasie spielen zu lassen.

 **Kleiner Tipp!**

Ersatzbelohnungen sind nur dann Belohnungen zweiter Klasse, wenn für deinen Hund gerade etwas greifbar wäre, was er noch viel lieber hätte als die Ersatzbelohnung.

Also dann, wenn das Reh gerade vor seiner Nase steht. In anderen Situationen wird aus zweitklassigen Belohnungen auch schon mal der Renner. Wenn dein Hund also im Garten tierisch auf Zerrspiele oder Tüten-Zerrupfen oder Rennspiele steht, dann bau diese Belohnungen im Garten oder an ablenkungsarmen Stellen beim Spaziergang auf und verbinde sie mit viel, viel Freude, Action und gemeinsamem Spaß!

Wenn du dann in die Situation kommst, in der du diese Spaß-Belohnungen als zweitklassigen Ersatz einsetzen musst, weil gerade die Sechs-Uhr-Katze über die Straße stürmt und dein Hund gerne ein Rendezvous mit ihr hätte, dann überträgt sich der Spaß aus den ablenkungsarmen Situationen auf den Ernstfall Sechs-Uhr-Katze. Somit ist die Ersatzbelohnung nicht einfach nur eine lahme Ersatzbelohnung, sondern kann deinen Hund durch die damit verbundene Freude doch mitreißen.

DIE RICHTIGEN BELOHNUNGEN

Solltest du mal falsch liegen...

Es gibt diese Momente, in denen du deinen Hund mit dem tollsten Rennspiel belohnen möchtest, ihn das aber nicht umhaut und er dich anschaut, als wollte er sagen: „Äh, wo bleibt mein Leckerchen?". Das kann passieren.

Vor allem dann, wenn deine Belohnungen bisher nur aus Futter bestanden haben. Da ist es verständlich, dass dein Hund aus alter Gewohnheit heraus erst einmal ein Leckerchen erwartet. Dann gibst du ihm halt ein Leckerchen und beginnst erst danach die Rennsequenz. Mit der Zeit wirst du merken, dass sich dein Hund auf immer mehr verschiedene Belohnungen einlassen kann.

Und wenn du wirklich mal völlig daneben liegst und dein Hund offensichtlich total genervt oder angeekelt von deiner angebotenen Belohnung ist, dann ist das auch kein Beinbruch. Freu dich einfach, lobe deinen Hund überschwänglich, sprich superfreundlich mit ihm, sodass er merkt, dass er etwas gut gemacht hat und beim nächsten Mal gehst du auf Nummer sicher und wählst eine Belohnung, von der du dir sicher bist, dass sie für deinen Hund auch belohnend ist.

Dich freuen und deinen Hund überschwänglich loben darfst du übrigens auch dann, wenn dein Hund deine Belohnung mag. Du musst nicht danebenstehen und in stiller Dankbarkeit froh darüber sein, dass ihm seine Belohnung gefällt. Du darfst und sollst gerne mitmischen. Das macht Hund und Halter*in Spaß!

Du bleibst spannend!

Wenn du die Belohnung beim Rückruf an die Motivation deines Hundes anpasst und dir Dinge überlegst, die er in dem Moment, in dem du rufst, wirklich klasse findet, bleibst du spannend! Du machst nicht automatisch immer dasselbe. Du steckst nicht automatisch immer die Hand in den Futterbeutel und dein Hund weiß nicht automatisch, was ihn als Belohnung erwartet. Das hat einen ganz großen Vorteil: Dein Hund fängt nicht an abzuwägen. Wenn er weiß, dass beim Rückruf immer ein Stück Wiener kommt, wird das Hundegehirn irgendwann „Der Hase oder doch lieber das Stückchen Wiener?" gegeneinander aufrechnen. Und wenn deinem Hund dann nach Hetzen ist und nicht nach Kauen, dann hat die Wiener leider verloren. Wenn du aber seiner Motivation mit deinen Belohnungen möglichst häufig entsprichst, weiß er nicht genau, was kommt. Er weiß aber, dass es etwas Gutes ist. Und wenn du mal nicht so superpassend belohnen kannst, ist das auch nicht weiter schlimm, denn dein Hund ist es ja schon gewohnt, dass es sich supergut anfühlt, wenn er zu dir gelaufen kommt. Wenn es dann beim nächsten Mal wieder passend ist, stimmt es für deinen Hund dann auch wieder. Es macht ihn resistenter gegen mögliche Enttäuschungen, wenn du rufst. Ist doch perfekt! Überlege dir also ganz gut, was du beim nächsten Mal als Belohnung verwendest, wenn du rufst. Am besten weißt du das schon, bevor du rufst, damit du nicht verzweifelt auf dem Rückweg deines Hundes erst überlegen musst und dann doch zum üblichen Leckerchen greifst.

Passende Belohnungen sorgen für den perfekten Rückruf

DIE RICHTIGEN BELOHNUNGEN

Im Training ist eine häufig gestellte Frage: „Wann kann ich denn endlich aufhören zu belohnen?" Lustigerweise hat mir noch nie jemand die Frage gestellt: „Wann kann ich denn aufhören, an der Leine zu rucken?" Okay, mir gegenüber ist die Frage ja auch sinnlos, denn ich arbeite nicht mit Leinenrucken, aber ich denke, du verstehst, was ich meine. Belohnungen machen eine gewisse Mühe, weil man mit seinen Gedanken ganz beim Hund und beim Training sein muss. Ich möchte aber auf die Frage „Wann kann ich endlich aufhören zu belohnen?" eine ganz klare Antwort geben: „Gar nicht!" Jeder Rückruf wird belohnt. Immer!

Es gibt im Laufe eines Hundelebens Dinge, die nicht mehr so oft von mir mit Extra-Belohnungen bestärkt werden müssen. Zum Beispiel bringe ich einem Welpen bei, an lockerer Leine zu gehen, indem anfangs jeder kleine Schritt an lockerer Leine großzügig belohnt wird. Aber das bleibt natürlich nicht ein Leben lang so. Irgendwann können wir einfach spazieren gehen, weil mein Hund weiß, dass er seine Umwelt erkunden darf und einfach weitergehen darf und ab und an durchaus noch belohnt wird, so lange die Leine locker ist. Die lockere Leine wird nicht mehr von mir noch zusätzlich bestärkt. Oder auch das ruhige Warten an der Haustür, bevor es zum Spaziergang geht. Anfangs bekommt der Hund noch jede Menge Gutties, wenn und damit er ruhig wartet. Irgendwann reicht das Öffnen der Tür als Belohnung aus.

Das gilt aber nicht für den Rückruf. Der Rückruf wird immer belohnt!

Der berühmte Hundetrainer Bob Bailey hat mal gesagt: „Verstärkung ist ein Prozess, kein einmaliges Event." Das bedeutet, dass es nicht ausreicht, deinen Hund einmal toll zu belohnen und zu erwarten, dass er sein Leben lang immer kommt, wenn du ihn rufst, auch wenn gar keine Belohnung mehr folgt. Nur Verhalten, das auch verstärkt (sprich: passend belohnt) wird, bleibt auch bestehen.

Das hat die Natur nicht nur beim Hund, sondern auch bei uns Menschen so eingerichtet. Wir tun das, was sich lohnt. Und der Rückruf muss sich immer lohnen! Du weißt ja, dass dein Hund sich ohne Leine frei entscheiden kann, was er tun möchte. Und da sollte deine Verstärkungsgeschichte so gut sein, dass er nach deinem Rückruf nicht darüber nachdenkt, doch noch dem Hasen hinterherzusprinten.

Für den Hund zum Affen machen? Nein, genießen!

In demselben Seminar, in dem die Teilnehmer*innen so großartige Belohnungsideen hatten, kam auch die Frage auf: „Was ist, wenn der Hundehalter sagt, dass er keine Lust hat, sich für seinen Hund zum Affen zu machen?"

Darüber musste ich erst einmal nachdenken, da mir dieser Gedankengang eher fremd ist.

Ich habe Freude daran, meinen Hund für gutes Benehmen zu belohnen und mit ihm gemeinsam Spaß zu haben und denke mir gerne neue Belohnungsmöglichkeiten aus, weil sich die Hunde so dolle darüber freuen. Ich kann aber verstehen, dass es Menschen gibt, die sich manipuliert oder unter Druck gesetzt fühlen, wenn sie das Gefühl haben, dass ihr Hund ihnen nur dann folgt, wenn sie einen riesengroßen Aufriss machen, schwer bepackt in den Wald laufen, immer die neuesten, leckersten, genialsten Belohnungen finden müssen und so weiter. Genau aus diesem Grund habe ich oben ja schon einige nette und interessante Belohnungen mit Futter und Spielzeug aufgeführt, die abwechslungsreich sind und nicht besonders aufwändig.

Könntest du dir aber vorstellen, dass du deinem Hund diese Belohnungen nicht einfach zukommen lässt, damit er besser hört? Könntest du dir vorstellen, dass du diese und vielleicht noch viiiieeeele andere Belohnungen verwendest, weil du damit deinen Spaß hast?

DIE RICHTIGEN BELOHNUNGEN

Überleg mal:

Während du Leckerchen in eine Baumrinde drückst, könntest du gleichzeitig die faszinierend interessante Struktur der Baumrinde wahrnehmen. Merken, dass es viel leichter ist, Tannen zu bestücken als Buchen, die eine sehr glatte Rinde haben. Vielleicht riechst du bei Nadelbäumen ja auch das Harz und genießt die Sonne, die durch die Zweige scheint.

Wenn du mit deinem Hund zur Belohnung gemeinsam rennst, könntest du es genießen, dass ihr beide dabei Freude habt.

Ihr könntet euch, wenn ihr wollt, hinterher ein wenig gemeinsam am Boden wälzen und miteinander rangeln.

Wenn du Leckerchen ins hohe Gras wirfst, könntet ihr gemeinsam konzentriert danach suchen.

Vielleicht nimmst du ja dabei wahr, wie das Gras duftet und wie hübsch die Blumen auf der Wiese aussehen. Das alles hättest du vielleicht nicht wahrgenommen, wenn du deinen Hund nicht belohnt hättest.

Du könntest Belohnungen nicht als notwendiges Trainingsübel sehen, sondern als Gelegenheit, mit deinem Hund gemeinsam Spaß zu haben, auf dem Spaziergang etwas Neues zu entdecken, das Leben einfach zu genießen. So wird aus dem Druck, etwas Tolles machen zu müssen, die Lust, etwas Tolles machen zu dürfen. Genieß es!

Vielen Dank, Julia, für den schönen Gedankengang auf unserem Seminar.

Der Ablenkungsfahrplan

Bevor du richtig losstarten kannst, musst du eine Sache noch erledigen: Einen Ablenkungsfahrplan schreiben. Es gibt einen richtig großen Haken, nicht nur im Rückruf- sondern allgemein im Hundetraining: Viele Leute sind der Meinung, dass ein Hund, wenn er ein Signal in einer Situation kennt, das automatisch auch in allen anderen Situationen befolgen kann. Und sie wundern oder ärgern sich dann, wenn der Hund das „Sitz" zwar daheim im Wohnzimmer wunderbar zeigt, es aber nicht auf die Reihe kriegt, wenn der Nachbarshund gerade stinkefingerzeigend am Zaun vorbeirennt. Oder sie freuen sich, wenn ihr Vierbeiner im Garten, wenn nichts los ist, einen perfekten Rückruf hinlegt, der Rückruf aber völlig versagt, wenn beim Spaziergang das Mauseloch lockt. Gründe für dieses Phänomen gibt es gleich mehrere:

Wenn ich nur ab und zu übe, hat mein Hund in Situationen, in denen der Rückruf sofort und ohne Kompromiss funktionieren muss, nicht genügend Routine und Übung, um meinem Rufen sofort zu folgen.

Wenn ich nur ab und zu unter wenig Ablenkung übe, erhält mein Hund nur wenige Belohnungen für gutes Verhalten. Das Verhalten „Sofort zurückkommen" ist also nicht häufig bestärkt worden. Das macht sich dann bemerkbar, wenn die Ablenkung größer wird. Denke daran: „Die Belohnung von heute ist die Motivation von morgen."

Viele Menschen rufen nach der ersten Trainingsphase ihren Hund nur noch dann, wenn wirklich was los ist und er kommen muss. Zum Beispiel, wenn Passanten kommen. Oder fremde Hunde. Oder die Sechs-Uhr-Katze. Das hat nicht selten eine sehr unangenehme Folge: Wenn der Mensch ruft, schaut sich der Hund dann erst einmal in alle Richtungen um, um zu gucken, was es Interessantes gibt und was passiert sein könnte, denn ohne dass etwas Interessantes passiert, ruft der Mensch sonst ja nicht. Der Rückruf wird also zum Alarmsignal statt zum Signal fürs Herankommen. Dumm gelaufen.

Außerdem besteht die Gefahr, dass du deinen Hund immer dann rufst, wenn er sich gerade von dir entfernen möchte. Machst du das regelmäßig, hast du bald einen Hund, der sich absichtlich von dir entfernt, damit du ihn rufst und ihn belohnst. Das erkennst du daran, dass dein Hund ein paar Schritt von dir wegläuft, dann stehenbleibt und sich zu dir herumdreht. Rufst du dann nicht, läuft er ein paar Schritt weiter weg, bleibt dann

Rufe deinen Hund nicht immer nur dann, wenn er schon weg oder anderweitig beschäftigt ist

wieder stehen und wartet, ob du ihn vielleicht rufst und dann belohnst.
Das ist so eine typische Verhaltenskette, die entsteht, wenn der Hund immer unter bestimmten Umständen gerufen wird. Aber hey, du liest doch dieses Buch, daher wird dir dieser Fehler nicht passieren. Du gehörst zu den klugen Menschen, die sich vor dem Rückruftraining erst einmal einen Zettel und einen Stift schnappen und einen Ablenkungsfahrplan erstellen.

der, Eichhörnchen oder galoppierende Rehe, sondern auch die ganz klitzekleinen Kleinigkeiten wie eine raschelnde Tüte, ein vorbeifahrendes Auto, ein Stühlerücken, was auch immer.
Nach zwei, drei Tagen sollten da ganz sicher mindestens 100 – 200 Ablenkungen zusammenkommen.
Und wenn dir nichts mehr ein- oder auffällt, was deinen Hund noch ablenken könnte, dann fängst du an, deine Liste zu sortieren.

Und das geht so:

Du notierst über mehrere Tage hinweg alles, was deinen Hund ablenkt. Alles! Daheim und unterwegs. Und zwar nicht nur die großen, nicht zu übersehenden Dinge wie Jogger, ballspielende Kin-

Du ordnest alle Ablenkungen in drei Kategorien ein:
- Leichte Ablenkung
- Mittlere Ablenkung
- Schwere Ablenkung

DER ABLENKUNGSFAHRPLAN

Mein Ablenkungsfahrplan

Leicht	Mittel	Schwer
Autos	Fahrräder	Katze
Türe bei Nachbars	Fremde Hunde	Hundekumpels
Pfütze/Wasser	Dönerstand	Eichhörnchen
Kinder	Rennende Kinder	Schreiende Kinder
		Reh

Leichte Ablenkung bedeutet:

Dein Hund schaut zu der Ablenkung einmal kurz hin, wendet sich dir aber sofort wieder zu, damit ihr weiter trainieren könnt.
Beispiele: Dein Partner verlässt kurz den Raum und kommt dann wieder herein. Oder jemand steht in der Küche und raschelt mit einer Tüte. Oder draußen vor dem Haus bellt leise ein Hund, während ihr im Haus seid.

Mittlere Ablenkung bedeutet:

Dein Hund schaut zur Ablenkung hin, würde dort auch gerne hingehen, aber du kannst ihn noch zurückrufen.
Beispiele: Es klingelt an der Tür. Eine Katze läuft in 200 Metern über die Straße. Ihr seid draußen im Garten und im Nachbarsgarten bellt mal kurz ein Hund. Ein Jogger läuft langsam an euch vorbei.

Schwere Ablenkung bedeutet:

Dein Hund rennt zur Ablenkung hin oder hinter ihr her und dein Rückruf verhallt im Nichts.
Beispiele: Der Nachbarshund rennt gröhlend und geifernd am Gartenzaun vorbei. Ein Reh stürmt direkt vor euch über den Feldweg. Der Hase zeigt deinem Hund eine lange Nase und flitzt dann direkt an ihm vorbei.

> **Wichtig:**
> Diese Liste ist sehr individuell. Was für den einen Hund ein Klacks und damit eine leichte Ablenkung ist, ist für den anderen Hund Schwerstarbeit und damit eine schwere Ablenkung. Es gibt Hunde, die auf die Türklingel mit einem müden Ohrenzucken reagieren und es gibt Hunde, die dann vor Freude schier ausrasten. Alles ist möglich.

Notiere dir außerdem in deiner Ablenkungsliste nicht nur, was deinen Hund ablenkt, sondern auch die Zeit und den Ort der Ablenkung. Eine Katze in 200 Metern Entfernung morgens, wenn dein Hund gerade ausgeschlafen hat und noch total gechillt ist, ist etwas anderes als eine Katze in 20 Metern Entfernung am Nachmittag, wenn dein Hund durch einen aufregenden Tag eh schon gestresst ist. Eine Ablenkung kann also

DER ABLENKUNGSFAHRPLAN

durchaus in mehreren Kategorien stehen, je nach Intensität.
Und eine kleine Anmerkung von mir: Sehr viele Hundehalter haben überhaupt kein Problem damit, die Spalte mit den schweren Ablenkungen dick zu füllen. Sie tun sich aber oft schwer damit, die Spalte mit den leichten Ablenkungen gebührend zu beachten.
Bitte fülle aber erst recht die Spalte mit den „leichten" und „mittleren" Ablenkungen, denn das sind die Bereiche, in denen das Training leichtfällt und in denen du die Grundlage für deine Rückruferfolge im schweren Bereich legst! Du solltest also schwerpunktmäßig Ablenkungen bei „leicht" und „mittel" eintragen. So viele, wie dir nur einfallen!
Ist deine Liste fertig?
Dann kannst du loslegen!

Training mit dem Ablenkungsfahrplan

Jeden Tag suchst du dir zwei bis drei Ablenkungen aus deiner Liste raus. Beginne mit den leichten Ablenkungen. Und dann suchst du diese Ablenkung bewusst auf. Du kannst zum Beispiel deinen Partner bitten, kurz das Zimmer zu verlassen und es nach einer Minute wieder zu betreten. Wenn dein Hund dann den Kopf hebt, nutzt du die Gelegenheit, um ihn zu dir zu rufen. Bei dir wird er passend belohnt. Als Belohnung bietet sich zum Beispiel Futter an oder auch, deinen Hund zur Begrüßung zu deinem Partner zu schicken, falls das für deinen Hund in dieser Situation interessant und belohnend sein sollte. Oder du bittest beim Gassi jemanden, einmal kurz mit einer Tüte zu rascheln. Wenn dein Hund dann hinschaut, rufst du und belohnst ihn für sein gutes Verhalten passend. Klingt einfach?
Ist einfach!
Diese simplen Rückrufe sind ja wirklich keine große Sache und sollten problemlos funktionieren. Und dieses problemlose Funktionieren ist genau der Grund, aus dem wir den Rückruf mit den leichten Ablenkungen beginnen. Damit es auf jeden Fall und problemlos funktioniert und dein Rufen auf gar keinen Fall ins Leere geht.

Wenn du mit dem Ablenkungsfahrplan arbeitest, schlägst du gleich vier Fliegen mit einer Klappe:

- Du baust dein Training systematisch und strukturiert von „leicht" nach „schwer" auf und überspringst nicht aus Euphorie, weil es so gut klappt, gleich drei Schritte, was dann wiederum ziemlich sicher zum Scheitern verurteilt wäre.
- Dein Hund lernt, dass dein Rückruf für ihn immer etwas supergenial Gutes bedeutet, weil du nicht von Anfang an in schweren Situationen mit zweitklassigen Ersatzbelohnungen arbeiten musst.
- Du läufst nicht in Gefahr, aus lauter Gewohnheit immer nur an denselben Stellen während des Spaziergangs zu rufen, sondern du rufst in ganz vielen verschiedenen Situationen.
- Bevor es an die richtig krassen Ablenkungen geht, hat dein Rückruf schon eine extrem gute Bestärkungsgeschichte und dein Hund wahnsinnig viele Wiederholungen auf dem Buckel. Das sorgt dafür, dass er so viel Routine entwickelt, dass er nicht mehr großartig nachdenkt und auf dem Absatz kehrt macht, wenn du rufst, weil er es gar nicht anders kennt.

So ist die Wahrscheinlichkeit groß, dass dein Hund sich irgendwann auch vom rennenden Hasen abrufen lässt.

Machen wir uns nichts vor: Es gibt Hunde, bei denen wird nie unkontrollierter Freilauf möglich sein. Gründe dafür gibt es viele. Aber auch diese Hunde werden durch das Training ansprechbarer und kontrollierbarer und der Spaziergang mit ihnen wird leichter und angenehmer, weil sie nicht mehr so vollständig in ihre eigene Welt abtauchen. Es lohnt sich!

Der Geschirrgriff – Du wirst ihn brauchen

Warum du ihn brauchst? Sämtliche Übungen in diesem Buch sind so aufgebaut, dass du sie zunächst unter geringer und dann unter immer weiter steigender Ablenkung übst. Das tust du, damit dein Hund von Anfang an deinem Rückruf mit Freuden folgt, checkt, dass sich das lohnt und gar nicht erst auf die Idee kommt, dich einfach zu überhören. Und dennoch wird es ab und zu die doofen Situationen geben, in denen du dich mal verschätzt. In denen du deinen Hund rufst, er aber urplötzlich am Boden etwas extrem gut Riechendes wahrnimmt, die Nase dort reinsteckt und dich völlig vergisst, weil er sich gerade unsterblich in die läufige Hündin drei Straßen weiter verliebt.

Um deinem Hund beizubringen, dass er deinem Rufen auf jeden Fall folgen soll und nicht nur dann, wenn er gerade nichts Besseres zu tun hat, ist es wichtig, dass dein Rückruf im Training nicht ins Leere geht. Deswegen ist dein Hund im Training auch immer an der Schleppleine. Nur wenn dein Rufen einen möglichst fehlerlosen Aufbau hat, bekommt dein Hund die Routine, die er braucht, um auch dem Eichhörnchen widerstehen zu können. Das bedeutet, dass du deinen Hund, wenn er dich überhört, trotzdem irgendwie dazu bringen musst, sich nach deinem Rückruf irgendwann dort zu befinden, wo er eigentlich sein sollte: Bei dir! An dem Ort, von dem aus du ihn gerufen hast.

Das ist gar nicht so einfach, denn schließlich soll der Hund deine Anwesenheit ja nicht mit etwas Negativem verknüpfen, was vielleicht dafür sorgen könnte, dass er dem Rückruf irgendwann nur noch sehr zögerlich oder vielleicht sogar gar nicht mehr folgt, weil er etwas Unangenehmes bei dir erwartet. Ihn an der Schleppleine zu dir heran zu ziehen, hilft leider auch nur bedingt, denn durch das Ziehen wird beim Hund der sogenannte „Oppositionsreflex" ausgelöst. Fiffi stemmt sich gegen den Zug, um das Gleichgewicht nicht zu verlieren. Dabei stemmt er sich natürlich genau in die Richtung, in die der eigentlich nicht gehen soll, nämlich weg von dir. Damit dein Hund trotzdem bei dir landet, ohne dass du ihn an der Leine zu dir herzerrst, solltest du den Geschirrgriff aufbauen.

DER GESCHIRRGRIFF

Das ist der Geschirrgriff

Geschirrgriff bedeutet: Du kündigst deinem Hund mit dem Signal „Geschirr" (oder einem anderen Signal deiner Wahl) an, dass du gleich in sein Geschirr greifst und dass ihr euch dann gemeinsam um 180° herumdreht und mit der Hand im Geschirr zu dem Ort zurückgeht, von dem aus du den Hund gerufen hast. Du könntest den Geschirrgriff auch mit einem Halsband aufbauen, aber da wir ja sowieso an der Schleppleine nur mit Geschirr arbeiten, macht es Sinn, dass du den Geschirrgriff gleich am Geschirr aufbaust.

Der Oppositionsreflex

Übrigens gibt es viele Varianten des Geschirrgriffs. Manche Trainer verbinden den Geschirrgriff mit einem gemeinsamen Umkehren, so wie ich ihn hier beschreibe. Manche verbinden ihn mit einem Entspannungssignal, manche verbinden ihn mit einem „Sitz" und so weiter.

Ich mag das gemeinsame Weggehen, da es den Blickkontakt vom Hund zur Ablenkung unterbricht und der Hund dadurch ansprechbarer wird. Aber jede Variante hat ihre Berechtigung, je nach Situation, in der der Geschirrgriff im Alltag am meisten gebraucht wird.

Das Signal wird sehr, sehr nett und positiv aufgebaut, sodass sich dein Hund, spätestens wenn er die Hand am Geschirr fühlt, sehr freudig zu dir herumdreht. Das Anfassen des Geschirrs wirkt als zusätzliches, taktiles (= Berührungs-) Signal, das deinen Hund auch dann noch erreicht, wenn er dein Rufen wegen dringender Geschäfte verdrängt oder tatsächlich nicht mehr wahrnimmt. Wenn du wirklich intensiv übst, kannst du sogar so weit kommen, dass du in einiger Entfernung „Geschirr" sagen kannst und dein Hund bleibt in der Erwartung deines Geschirrgriffs sofort stehen.

Der Geschirrgriff kann auf diese Weise sogar als „Stopp"-Signal sehr nützlich sein. Du siehst, es lohnt sich, vor dem Rückruf zunächst etwas Zeit in den Geschirrgriff zu investieren, damit du für den Fall gerüstet bist, in dem dein Hund nicht auf dein Rufen reagiert.

DER GESCHIRRGRIFF

Achtung!

Es gibt eine Konstellation, in der du den Geschirrgriff bitte nicht einfach alleine aufbaust. Es gibt Hunde, die sich zum Beispiel beim Anblick ihres Erzfeindes so in Rage bellen und toben, dass sie auf den Griff ins Geschirr mit rückgerichteter Aggression ihrem Halter gegenüber reagieren.

Du kennst ganz sicher deinen Pappenheimer. Besteht die Gefahr, dass dein Hund in bestimmten Situationen, in denen du ins Geschirr greifst, nach dir schnappt, dann lass bitte die Finger vom Geschirrgriff! Du kannst ihn zusammen mit einem Trainer/einer Trainerin aufbauen und dabei eventuell eine Variante wählen, die besser für euch passt. Aber versuche es in diesem Fall bitte nicht alleine.

Was du dazu brauchst:

- Ein Geschirr am Hund, logischerweise. Theoretisch kannst du den Geschirrgriff auch problemlos mit dem Halsband aufbauen, aber du später ja mit Schleppleine trainierst, kannst du nur das Geschirr verwenden, um deinen Hund nicht zu verletzen.
- Gut erreichbare Leckerchen (später auch andere Belohnungen aus deiner Belohnungsliste)

Du brauchst ein Geschirr und Leckerchen

Ankündigen – Anfassen

Im allerersten Schritt übst du, dass dein Hund sich von dir nach einer Vorwarnung am Geschirr anfassen lässt, ohne deiner Hand auszuweichen. Das ist gar nicht so leicht, denn sehr viele Hunde kennen den Griff ins Geschirr nur in Verbindung mit einer unangenehmen Einwirkung wie Wegzerren oder Zurückziehen.

Wenn du mal darüber nachdenkst, bei welcher Gelegenheit du die letzten Male ins Geschirr (oder Halsband) deines Hundes gegriffen hast, wirst du vielleicht auch feststellen, dass das für deinen Hund gar nicht so angenehm war. Hast du ihn vielleicht am Erzfeind vorbeigezogen, weil die beiden sich angegiftet haben? Oder hast du ihn von etwas Leckerem weggerissen, das vor ihm auf dem Boden lag und das dein Hund gerade verspeisen wollte? Gelegenheiten gibt es viele.

Leider sorgen diese Maßnahmen häufig dafür, dass dein Hund versucht, dir auszuweichen, sobald er merkt, dass sich deine Hand nähert, denn das Annähern deiner Hand könnte ja bedeuten, dass er gleich nach rechts, links, hinten oder vorne durch die Gegend gezerrt wird. Welcher Hund will das schon?

Deswegen ist dieser allererste Schritt so wichtig. Dein Hund lernt, dass er von dir nichts zu befürchten hat, wenn du ihm sagst, dass du gleich in sein Geschirr greifst. Er weiß, dass er dann eine Belohnung bekommt und dass nichts Unangenehmes passiert. Also wird er nach einigen Wiederholungen freiwillig ruhig stehenbleiben und darauf warten, dass du in sein Geschirr fasst und ihn belohnst.

Und so geht's:

Um den Geschirrgriff zu üben, ziehst du deinem Hund sein Geschirr an und legst ein paar Gutties so bereit, dass du leicht hingreifen kannst. Also zum Beispiel in einen Futterbeutel oder in eine Schüssel, die du auf Griffhöhe neben dich stellst. Wenn es möglich ist, übe anfangs dort, wo dein Hund unangeleint bleiben kann, damit du die Leine zu Beginn nicht noch zusätzlich in der Hand halten musst.

Du stellst dich seitlich neben deinen Hund. Ihr schaut beide in dieselbe Richtung. Anfangs kann es sinnvoll sein, dass dein Hund sitzt, damit er sich nicht allzu sehr bewegt und du den Ablauf erst einmal in Ruhe üben kannst.

DER GESCHIRRGRIFF

Stelle dich seitlich vom Hund

Ankündigen - Reingreifen

schirr deines Hundes. Wo du das Geschirr anfasst, hängt davon ab, wo du im Notfall im besten hingreifen kannst. Du kannst das Geschirr entweder seitlich am Bauchgurt, am Rückensteg oder am Brustgurt fassen. Ich persönlich bevorzuge den Brustgurt, seitlich vom Hals. Wenn ich da reingreife, weiß der Hund gleich, in welche Richtung wir als Nächstes gehen. Wenn es für dich bequemer ist, kannst du aber auch in einen der anderen Gurte greifen.

Wenn die Gutties griffbereit sind und dein Hund neben dir sitzt, gibst du das Signal „Geschirr". Während du dieses Signal gibst, tust du erst einmal gar nichts. Bitte stelle dich nicht schon in halb gebückter Position hin, mit halb ausgestreckten Armen, um deinen Hund gleich am Geschirr zu packen. Dein „Geschirr"-Signal ist eine Ankündigung, eine Vorwarnung. Sie kommt also, bevor du deinen Hund am Geschirr anfasst. Lasse die Arme stattdessen einfach da, wo sie sind: Dicht an deinem Körper.
Nachdem du das Signal „Geschirr" gegeben hast, wartest du einen kleinen Atemzug und greifst danach in das Ge-

Wichtig:
Du baust dabei keinerlei Zug auf, sondern du greifst nur in das Geschirr und legst deine Finger um den Gurt. In dem Moment, in dem deine Finger den Gurt berühren, gibst du dein Markersignal (Clicker/Markerwort/Lob) und greifst mit der anderen Hand in die Futterschüssel.

Die Finger bleiben dabei am Geschirr. Nimm ein Guttie heraus und gib es deinem Hund. Deine Finger bleiben so lange am Geschirr, bis dein Hund aufgefressen hat. Nachdem er aufgefressen hat, nimmst du die Finger wieder vom Geschirr weg. Während dieser ganzen Übung ist keinerlei Zug auf dem Geschirr. Du legst deine Finger nur locker hinein und greifst nach dem Gurt. Mehr nicht.

DER GESCHIRRGRIFF

Was kann schiefgehen

Wenn dein Hund Ausweichtendenzen zeigt, dann lass ihn ausweichen und fass nicht einfach nach. Es könnte zum Beispiel sein, dass er einen Schritt zur Seite macht, weil ihm das Geschehen etwas unheimlich ist. Es könnte sein, dass er seinen Körper ganz weit zur Seite legt, um deinem Griff zu entgehen.

Es könnte auch sein, dass er herumspringt und ganz unruhig wird. Lass ihn. Er weiß ja noch nicht, dass der Griff ins Geschirr in diesem Fall nichts Unangenehmes zu bedeuten hat. Das muss er erst lernen. Sollte dein Hund dir ausweichen, machst du den ersten Schritt einfach ein wenig kleiner.

Du sagst „Geschirr" und hältst deine Hand nur so weit in Richtung deines Hundes, wie du merkst, dass er noch damit klarkommt, sprich: ruhig stehenbleibt. Dann folgt der Marker, dieses Mal nicht für den Griff ins Geschirr, sondern einfach nur für die Hand in der Nähe seines Geschirrs. Nach dem Marker hältst du auch weiterhin die Hand an ihrem Ort, greifst mit der anderen Hand in die Futterschüssel und fütterst deinen Hund. Wenn dein Hund fertig gefressen hat, gehen beide Hände wieder vom Hund weg.

Bei Ausweichtendenzen die Übung einfacher gestalten

Jetzt ist es so weit: Du bringst deinem Hund bei, dass er, wenn du „Geschirr" sagst, nicht einfach nur stehenbleibt, damit du in sein Geschirr greifen kannst, sondern dass er sich sogar mit dir herumdreht und mit dir mitgeht.

Und so gehst du vor:

Du stehst wieder neben deinem Hund und du gibst wieder das Signal „Geschirr". Das kennst du ja schon. Dann greifst du wieder in das Geschirr deines Hundes. Wenn du den ersten Schritt sorgfältig aufgebaut hast, wirst du jetzt merken, dass dein Hund dir nicht (mehr) ausweicht und dich erwartungsvoll anschaut, weil er ja weiß, dass er jetzt von dir eigentlich eine Belohnung bekommt. Diese Belohnung bekommt er dieses Mal aber nicht sofort. Statt in deine Guttietasche oder -schüssel zu greifen, wendest du dich ein wenig zur Seite und machst einen Schritt nach hinten.

Wenn dein Hund rechts von dir steht und du entsprechend die rechte Hand am Hundegeschirr hast, dann wendest du dich jetzt nach links und machst dabei einen Schritt in Richtung Hundepopo. Du bewegst dich also leicht nach hinten. Lass deinen Arm dabei bitte lang und zieh deinen Hund nicht mit. Durch deine Bewegung wird er sicherlich getriggert, dir zu folgen, denn er erwartet ja immer noch seine Belohnung. Sollte das nicht der Fall sein und dein Hund das große Fragezeichen im Gesicht haben, ermuntere ihn mit netten Worten oder einem freundlichen „Kommt mit", dir zu folgen.

Wenn er einen Schritt in deine Richtung macht, markerst du für diesen ersten Schritt. Gib ihm aber auch jetzt noch nicht sofort seine Belohnung. Wenn dein Hund den Marker gut kennt, wird er sich dir jetzt erst recht zuwenden und sich in deine Richtung bewegen, denn du hast mit dem Marker seine Erwartung auf eine Belohnung noch einmal bestärkt. Gehe noch zwei, drei Schritt weiter mit dem Hund am Geschirr. Lobe ihn dabei ganz feste, wenn er mitgeht. Nach zwei, drei Schritten bleibst du stehen und belohnst deinen Hund für seine tolle Leistung sehr großzügig.

Die Entfernung, die ihr beide gemeinsam zurücklegt, während du die Hand im Geschirr hast, kannst du im Laufe der nächsten Tage weiter ausbauen. Beginne mit wenigen Schritten und steigere dich dann ganz langsam weiter, sodass du deinen Hund hinterher mit dem „Geschirr"-Signal locker zehn Meter weit führen kannst.

DER GESCHIRRGRIFF

Umdrehen

Mitgehen

So kannst du ihn später aus etwas brenzligen Situation gut herausführen, ohne dass er sich dagegen wehrt.
Wenn das gut funktioniert und du deinen Hund, wenn er schon neben dir steht, locker zehn Meter mit dir mitführen kannst, ohne dass du am Geschirr ziehen musst, gehst du wieder einen Schritt weiter. Jetzt übst du, während dein Hund sich (noch) bewegt.

Mit dem sich bewegenden Hund

Beginne ohne größere Ablenkung und stelle dich in die Nähe deines Hundes, während er zum Beispiel an einer mäßig interessanten Stelle schnüffelt. Gib dann dein „Geschirr"-Signal.

Wenn du bisher richtig geübt hast, wird dein Hund stehenbleiben und auf den Griff in sein Geschirr warten und mit dir mitgehen. So wird der Geschirrgriff gleich zum Stopp-Signal, was beim Rückruftraining ein sehr wertvolles Werkzeug ist. Funktioniert das nicht, war die Schnüffelstelle vielleicht doch noch zu interessant. Brich in diesem Fall die Übung ab und trainiere danach zunächst unter noch leichterer Ablenkung und variiere schon einmal die Belohnungen anhand deiner Belohnungsliste. So wirst du schnell eine flotte und zuverlässige Reaktion deines Hundes erreichen.

DER GESCHIRRGRIFF

Entfernung erhöhen

Im nächsten Schritt erhöhst du die Entfernung zwischen dir und Fiffi. Es wird ja nicht immer alles so easy sein, dass dein Hund direkt neben dir steht, während du „Geschirr" sagst. Du möchtest ihn ganz sicher auch stoppen können, wenn er sich weit vor deiner Armlänge befindet. Solange du also noch keinen praktischen Auszieharm dein Eigen nennst, solltest du üben, dass dein Hund auch dann stoppt, um sich ins Geschirr greifen zu lassen, wenn er etwas weiter weg ist von dir.

Und so gehst du vor:

Beim nächsten Spaziergang oder im Garten wartest du, bis sich dein Hund zwei, drei Meter von dir entfernt hat. Wenn er nicht allzu abgelenkt ist, gibst du dein „Geschirr"-Signal und schaust, was passiert. Wenn du bisher anständig trainiert hast, wird dein Hund stehenbleiben, sich zu dir umdrehen und entweder darauf warten, dass du ihm ins Geschirr greifst oder schon von alleine zu dir hergelaufen kommen. Beides ist in Ordnung. Bleibt er stehen, greifst du nun in sein Geschirr, führst ihn noch ein paar Meter mit dir mit und belohnst ihn dann. Kommt er zu dir, fasst du auch wieder in sein Geschirr, führst ihn noch ein paar Meter und belohnst ihn dann. So bleibt die Assoziation Signal „Geschirr" = „Griff ins Geschirr" weiter erhalten für die Situationen, in denen du wirklich mal ins Geschirr greifen musst.

Mit Leine

Jetzt mit Hund und Leine

Im nächsten Schritt übst du den Geschirrgriff, während dein Hund angeleint ist. Bisher hast du ohne die Leine geübt, weil das Handling ohne Leine leichter ist. So lange du noch fütterst, während die Hand im Geschirr ruht, bräuchtest du für die Leine eigentlich eine dritte Hand. Da du jetzt erst fütterst, nachdem du deinen Hund aus einer Situation herausgeführt hast, fällt dieses Problem jetzt weg und du kannst mit Leine üben.

Fang noch einmal bei dem Schritt an, bei dem du ohne Ablenkung neben deinem Hund stehst und ihn aus einer Situation herausführst. Dieses Mal hältst du aber zusätzlich die Leine in der Hand. Am einfachsten und möglichst wenig kuddelmuddelbehaftet ist es, wenn du mit der Hand an den Hund fasst, die am nächsten am Hund dran ist und mit der Hand die Leine hältst, die am weitesten vom Hund entfernt ist.

DER GESCHIRRGRIFF

Hund läuft rechts

Rechte Hand ins Geschirr

Linke Hand nimmt die Leine

Ist nicht so schwer, oder? Übe das bitte trotzdem, denn wenn du und dein Hund in eine Situation geratet, in der ihr nicht so cool und gelassen wie beim Training seid, bist du froh, wenn du nicht erst überlegen musst, wo du die blöde Leine jetzt hinschmeißt, ohne dass du oder Fiffi darüber stolpert.

Jetzt kommen wir zu der Sache mit der Ablenkung. Bisher hast du ja nur in ablenkungsarmer Umgebung geübt, damit du das Handling draufhast und nicht erst Arme, Leine, Gutties sortieren musst, wenn es mal drauf ankommt.

Aber du bist ja schon perfekt vorbereitet, denn selbstverständlich hast du schon längst deine Ablenkungsliste geschrieben, sortiert und griffbereit auf den Küchentisch gelegt!

Diese Liste nimmst du dir jetzt zur Hand und suchst unter „Leichte Ablenkungen" eine Ablenkung raus. Möglich wäre zum Beispiel: Du bittest deinen Partner, kurz zur Tür rauszugehen, bis zehn zu zählen und wieder ins Zimmer zu kommen. Wetten, dass dein Hund zumindest mal kurz hinschaut? Das ist die perfekte Gelegenheit, den Geschirrgriff unter ganz, ganz leichter Ablenkung zu üben. Dein Hund steht in deiner Nähe, schaut zu deinem Partner und du gibst dein „Geschirr"-Signal, fasst ins Geschirr und nimmst deinen Hund für ein, zwei Meter mit. Dann belohnst du ihn natürlich.

In den nächsten Tagen und Woche arbeitest du dich ganz langsam durch deine Ablenkungsliste von leicht nach schwer. Schnapp dir eine Ablenkung nach der anderen und führe deinen Hund mit dem Geschirrgriff von der Ablenkung weg. Zur Belohnung kannst du ihn zwischendurch auch immer mal wieder zur Ablenkung hin lassen, wenn er sich wegführen lässt. Das ist zum Beispiel sehr geschickt, wenn es sich um Besuch handelt. Du führst deinen Hund vom Besuch weg und wenn er sich wegführen lässt, schickst du ihn danach zur Belohnung wieder hin, um mal „Hallo" zu sagen. Nutze alles, was dir vor die Füße läuft. Und wenn du merkst, dass deine Ablenkungen zu schwierig waren, gehst du in deiner Liste einfach wieder die einfacheren Ablenkungen durch und übst mit denen erst einmal weiter. Danach machst du dich wieder an die größeren Schwierigkeiten ran. So lange, bis du merkst, dass dein Hund auf dein „Geschirr"-Signal auch stehenbleibt, wenn der Hundekumpel ums Eck geschossen kommt (was vermutlich auf deiner Ablenkungsliste unter „Verdammt schwer!!" stehen dürfte).

DER GESCHIRRGRIFF

Übe unter Ablenkung

Und was, wenn er nicht folgt?

Tja, das wird es geben. Dieser Moment, in denen dein Hund vom Eichhörnchen un-fucking-fassbar fasziniert ist, er am ganzen Körper vibriert und du das Gefühl hast, dass aus seinen Muskeln plötzlich elektrische Leitungen geworden sind. Vielleicht hast du ja dein „Geschirr"-Signal dann schon so gut aufgebaut, dass sich dein Hund spätestens dann, wenn er deine Hand im Geschirr spürt, umwenden und mit dir mitgehen kann. Dann an dieser Stelle gleich mal krass „Herzlichen Glückwunsch"! Dann hast du nämlich alles richtig gemacht und genau so soll's aussehen! Genau für diese Situationen ist die Arbeit mit der Ablenkungs- und Belohnungsliste gedacht.

Der Weg bis dahin ist aber ab und zu mit ein paar Fehlversuchen gespickt. Wichtig ist, dass dein Hund merkt, dass er dein „Geschirr"-Signal (und später auch dein Rufen) nicht einfach überhören kann. Er soll lernen, dass er, wenn er dir auf dein Signal folgt, das Eichhörnchen danach gerne noch länger anschauen darf und dass du sogar mit ihm zusammen schaust und dich in sein Verhalten mit einbringst, sodass er dich nicht völlig ausblendet (eine wunderbare Übung im Antijagd-Training). Und er muss lernen, dass er, wenn er auf dich nicht reagiert, diese Chance nicht erhält. Es soll sich für ihn ja richtig lohnen, wenn er zu dir kommt.

Das bedeutet, dass dein Hund, wenn du das „Geschirr"-Signal gibst, auf jeden Fall mit dir mitgehen wird.

Wichtig: Es ist dabei nicht notwendig, an deinem Hund herumzurucken, ihn zu ängstigen, einzuschüchtern oder ihm weh zu tun!
Würdest du ihn durch einen Ruck aus dem Gleichgewicht bringen, könnte er nicht mit dir mitgehen, denn dann wäre er erst einmal ein paar Sekunden damit beschäftigt, seine Beine wieder zu sortieren! Wenn du ihn ängstigst, ihn einschüchterst oder ihm weh tust, wird er dir, wenn er nicht völlig bescheuert ist, beim nächsten „Geschirr"-Signal weiträumig ausweichen. Und damit kannst du deinen Geschirrgriff dann in die Tonne treten. Es ist daher sehr, sehr wichtig, dass wir so wenig invasiv wie nur irgendwie möglich arbeiten, damit der Hund nicht versucht, sich unserer Annäherung zu entziehen. Und wir versuchen auch den Frust, der beim Hund aufkommt, wenn er nicht das weitermachen kann, was er weitermachen möchte, so weit es nur möglich ist, zu minimieren, damit er auch noch in Zukunft zuverlässig mit uns mitarbeitet.

DER GESCHIRRGRIFF

Und so läuft's:

Stell dir vor, du gerätst in deinem bereits fortgeschrittenen Training einmal in eine Situation, in der du dich verschätzt und dein „Geschirr"-Signal gibst, dein Hund aber nicht auf dich reagiert. Es könnte zum Beispiel sein, dass mitten in deiner Übung auf einmal der Hundekumpel samt Frauchen um die Ecke kommt und dein Hund sich vor Freude nicht wieder einkriegt.

Du könntest jetzt natürlich, nachdem du zwar zu deinem Hund „Geschirr" gesagt hast, er aber, bevor er richtig auf dich reagieren kann, abgelenkt wird, das Ganze einfach als Nullrunde abtun und nicht weiter auf das eigentlich unerwünschte Verhalten deines Hundes reagieren.

Es ist ja auch sehr verständlich, dass er aufgeregt reagiert, wenn der Kumpel ums Eck kommt und er eigentlich spielen möchte und in diesem Moment gar keinen Sinn für dein Signal mehr hat. Das ist auch kein Grund, sauer zu werden, denn so ein Hundekumpel ist schon eine heftige Ablenkung.

Durch eine einmalige Nullrunde bricht auch dein Training nicht gleich zusammen.

Aber: Es könnte gut sein, dass dein Hund sich merkt, dass er auf das Signal „Geschirr" nur dann hören muss, wenn er gerade Lust auf eine coole Belohnung hat und ihn dein Signal nicht allzu sehr in dem stört, was er eigentlich vor hat. Das ist aber nicht Sinn der Sache. Wir möchten, dass der Hund auch dann reagiert, wenn er eigentlich keine Lust hat, sondern lieber dem Eichhörnchen hinterherrennen will. Natürlich arbeiten wir mit dem Hund so, dass er nach Möglichkeit immer Lust hat, zu uns zu laufen.

Daraus folgt: Einfach ignorieren ist „mal" nicht dramatisch, aber es ist besser, wenn du deinem Hund gar nicht erst die Gelegenheit gibst, sein Verhalten als „Okay, ich kann's einfach überhören" einzustudieren. Deswegen musst du tätig werden.

Da dein Hund ja wahrscheinlich nicht so zuverlässig folgt (sonst würdest du dieses Buch vermutlich nicht lesen), ist er, so lange der Rückruf oder der Geschirrgriff noch nicht zuverlässig sitzen, außer in ganz bestimmten Trainingssituationen an der Leine! Punkt! Ohne Leine kann dein Hund machen, was er will und du hast keine zuverlässigen Möglichkeiten, ihn darin groß zu beeinflussen. Ist dein Hund nicht angeleint, bleibt dir in dem Moment, in dem er dein „Geschirr" überhört, keine Möglichkeit. Du hakst das Ganze als erzwungene Nullrunde ab, ignorierst das Verhalten deines Hundes und sorgst in den nächsten Wochen dafür, dass immer eine Schleppleine, am besten noch samt Ruckdämpfer, am Hund hängt.

Da er aber selbstverständlich angeleint ist, tust du Folgendes:

Wenn die Ablenkung wirklich irre groß ist, wie zum Beispiel ein tanzendes Eichhörnchen, gib deinem Hund ein, zwei Sekunden Zeit, um auf dein Geschirr-Signal zu reagieren. Zähle in Gedanken „Einundzwanzig, zweiundzwanzig". Wenn er dann stehenbleibt oder sich sogar zu dir herumdreht, ist das eine großartige Leistung!

Manchmal braucht ein Signal einfach etwas Zeit, um vom Ohr über das Gehirn bis in die Muskeln zu gelangen. Und diese Leistung wird selbstverständlich passend honoriert!

Wenn dein Hund dein „Geschirr"-Signal überhört und weiter in Richtung Eichhörnchen trabt, bleibst du stehen und hältst die Leine so, dass er nicht mehr weiterlaufen kann. Es ist nicht notwendig, an der Leine zu rucken, so nach dem Motto „Das hast du jetzt davon." Denke dran, dass es für einen zuverlässigen Rückruf (und dazu gehört auch der Aufbau des Geschirrgriffs) nicht sinnvoll ist, wenn dein Hund in deiner Nähe schlechte Erfahrungen mit dir macht. Es ist vollkommen ausreichend, wenn du

DER GESCHIRRGRIFF

Leine nachgreifen

die Leine auf- und leicht auf Spannung nimmst, sodass dein Hund nicht mehr weiterlaufen kann. Manche Hunde reagieren dann schon, indem sie bewusst stehenbleiben (das siehst du an der Gewichtsverlagerung und daran, dass der Zug an deiner Leine weniger wird) und sich vielleicht schon zu ihrem Halter/ihrer Halterin umdrehen.

Wenn das der Fall ist, lobst du deinen Hund ganz dolle, gehst zu ihm, legst die Hand ins Geschirr (das Signal hattest du ja schon gegeben), führst ihn zwei, drei Meter mit dir mit und belohnst ihn. Er hat zwar erst auf das Aufnehmen der Leine reagiert, aber immerhin hat er reagiert und hat sich vom Eichhörnchen wegführen lassen.

Sollte dein Hund nicht reagieren, wenn du die Leine aufnimmst und das Eichhörnchen oder den Hundekumpel immer noch anstarren, hangelst du dich an der Leine nach vorne zu deinem Hund. Das bedeutet: Du hältst die Leine weiter auf Spannung und fasst nach, während du dich deinem Hund annäherst. Achte darauf, beim Nachgreifen nicht an der Leine zu rucken. Es geht nur darum, dass du dich deinem Hund nähern kannst, ohne dass er dabei weiter in Richtung der großen Ablenkung laufen kann. Geh bitte nicht zu deinem Hund, ohne die Leine nachzufassen, denn die Leine lockert sich dann ja, während du zum Hund gehst und die Wahrscheinlichkeit ist sehr groß, dass Fiffi dann die Gelegenheit nutzt, noch etwas näher ans Eichhörnchen oder den Hundekumpel ranzukommen.

Also: Nachgreifen!

Ins Geschirr fassen

Vielleicht dreht sich dein Hund zu dir herum, wenn du dich ihm annäherst. Sollte er das tun, lobst du ihn ganz dolle, fasst ins Geschirr, führst ihn mit dir mit zu deinem Ausgangspunkt und belohnst ihn dort. Es gibt dann aber eine etwas geringere Belohnung, als wenn er sofort reagiert hätte. Also zum Beispiel nur ein Stückchen Käse statt fünf Stückchen.

Vielleicht dreht er sich aber auch nicht zu dir um, während du dich ihm annäherst, weil das Eichhörnchen ihm gerade Grimassen schneidet und ihm höflich mitteilt „Ey, deine Mudda!!" Sollte das der Fall sein, gibst du jetzt noch einmal als Vorwarnung ein „Geschirr"-Signal und greifst dann in sein Geschirr. Wenn er sich ob deiner Berührung jetzt denkt: „Huch, da war ja noch jemand!" und sich dann zu dir herumdreht, führst du ihn zu deinem Ausgangspunkt und belohnst ihn. Die Belohnung fällt jetzt noch ein wenig geringer aus. Vielleicht ein Stückchen Trockenfutter statt des Käses.

Vielleicht reicht aber auch dein angekündigter Griff ins Geschirr nicht aus, weil das Eichhörnchen gerade vor ihm herumspringt, ihm die Stinkefinger zeigt und ruft „Komm her, Aldär, gibt aufs Maul!" Verständlich, dass dein Hund da gerade nicht auf dich reagieren und sich umdrehen kann, denn dann würde er ja aussehen wie ein Mamahündchen. Geht gar nicht. Da du das Eichhörnchen-Massaker aber gerne verhindern möchtest und dir das Ansehen deines Hundes in der nachbarschaftlichen Eichhörnchen-Gemeinde wurscht ist, bist du jetzt etwas nachdrücklicher. Du stehst ja bereits neben deinem Hund und hast die Hand in seinem Geschirr, vorzugsweise am Halsgurt, denn damit kannst du ihn besser und vorsichtiger lenken.

DER GESCHIRRGRIFF

Hund vorsichtig mitnehmen

Jetzt nimmst du deinen Hund mit. Das heißt, du ziehst ihn vorsichtig und ohne zu rucken in einem kleinen Halbkreis mit. Achte darauf, dass es ein gleichmäßiger Zug ist, ganz ohne Ruck, denn hier setzt auch wieder der Oppositionsreflex ein. Dein Hund stemmt sich wahrscheinlich zunächst gegen den Zug und du willst deinen Hund nicht aus dem Gleichgewicht bringen.

Wenn dein Hund stolpert, hast du etwas falsch gemacht. Führe ihn so, dass er gut mitgehen kann, ohne seine Beine sortieren zu müssen. Es ist ein Mitführen, kein Mitzerren. Das ist eine ziemlich frustrierende Sache für deinen Hund, denn eigentlich möchte er jetzt gerne dem Eichhörnchen zeigen, dass er ein ganzer Kerl ist und eine Prügelei nicht scheut. Stattdessen muss er jetzt mit Muddi oder Vaddi mitgehen wie ein Welpe. Das Blöde ist, dass er sich diesen Frust fürs nächste Mal vielleicht merkt und dann versucht, dem Geschirrgriff auszuweichen. Deswegen helfen wir ihm so gut wie möglich. Feuer deinen Hund an, während du ihn mitziehst! Sag ihm, wie toll er ist und dass ihn die Eichhörnchen trotzdem respektieren werden, auch wenn er jetzt kein Blutbad anrichtet.

Er wird dir vielleicht nicht glauben, aber mitgehen muss er trotzdem. Das Schöne ist: Dadurch, dass ihr beide eine sehr intensive Trainingsroutine habt, du bisher nie ziehen musstest und dein Hund den Geschirrgriff als extrem positiv erlebt hat, ist die Wahrscheinlichkeit sehr, sehr groß, dass du gar nicht viel ziehen musst, um den Oppositionsreflex zu überwinden.

Seine Routine sieht ja so aus, dass er sofort mitgeht, wenn er deine Hand an seinem Körper spürt. Und diese Routine setzt auch in so einer Situation ein, auch wenn es, je nach Heftigkeit der Ablenkung, mal etwas dauern kann.

Sobald du merkst, dass dein Hund sich mehr oder weniger freiwillig in deine Richtung bewegt und du nicht mehr ziehen musst, lässt dein Zug am Geschirr sofort nach! Der nachlassende Zug ist eine sofortige, positive Rückmeldung! Lass deine Hand aber noch locker im Geschirr und führe deinen Hund so wie bisher auch zu deinem Ausgangspunkt zurück. Lob ihn ganz feste, dass er mit dir mitgegangen ist.

Eine weitere Belohnung außer deinem dollen Lob gibt's aber nicht mehr, denn die hat er sich verspielt, weil er weder auf dein „Geschirr"-Signal, auf dein Annähern und nicht einmal auf deinen Griff ins Geschirr reagiert hat. Stattdessen gehst du aus der Gefahrenzone raus, wartest, bis dein Hund sich etwas abgeregt hat und versuchst dann den Geschirrgriff noch einmal. Wenn dein Hund, der jetzt ruhiger und außer Sichtweite des Eichhörnchens ist, sofort reagiert, kommt eine riiiiiieeeesengroße Superbelohnung! Eine von den richtig krassen Sachen, für die dein Hund gerne einen Kopfstand macht! Er soll den Unterschied zwischen „Sofort reagiert" und „Nicht reagiert" lernen.

„Nicht reagiert" bedeutet „Welpenmäßig abgeführt werden"

„Sofort reagiert" bedeutet „Hammerkrassgeniale Belohnung"

Suuuperwichtig:
Wenn du beim Mitziehen merkst, dass dein Hund eingeschüchtert wirkt, plötzlich Angst oder gar Panik bekommt oder dass ihm etwas weh tut, nimm deine Hand sofort aus dem Geschirr und schau erstmal, was da los ist! Das Mitziehen ist nicht dazu gedacht, deinen Hund einzuschüchtern oder ihm gar weh zu tun! Du sollst lediglich deinen Hund mit dir zum Ausgangspunkt mitnehmen, mehr nicht. Sollte dein Hund dabei Angst oder Schmerzen empfinden, ist der Geschirrgriff für euch so noch nicht geeignet. Checke erstmal ab, was körperlich los ist und baue den Griff dann noch einmal so auf, dass dein Hund sich von dir nicht eingeschüchtert fühlt.

So, jetzt weißt du, wie du reagierst, wenn dein Hund mal so gar nicht auf dein Signal reagiert. Und dann? Du kannst dir schon mal merken: So eine Situation passiert dir nur einmal! Nicht öfters! Ein überhörtes Signal ist ein Warnzeichen. Gut, dass du jetzt weißt, dass dein Hund in dieser Situation nicht auf dich reagieren konnte. Also setzt du dich jetzt daheim auf deinen Hintern und überlegst, was du in deinem Training verändern musst, damit dein Hund das nächste Mal in der gleichen Situation auf dich reagieren kann!

Kann es vielleicht sein, dass du bisher nur unter „Leichter Ablenkung" trainiert hast und ihr beide noch gar nicht so weit wart, dass das Geschirr-Signal auch unter „Superekelhaftschwererereichhörnchen-Ablenkung" funktionieren kann? Habt ihr vielleicht immer an denselben Stellen und immer mit denselben Belohnungen gearbeitet? Seid ihr in eine doofe, superlangweilige Trainingsroutine verfallen? Dann solltest du in den nächsten Tagen und Wochen deine Ablenkungsliste wieder hervorkramen und schauen, auf welchem Level ihr eigentlich gerade seid. Von da aus baust du dein Geschirr-Signal wieder weiter in allen möglichen Situationen aus deiner Liste aus. Sorge für ganz viele Trainingsmöglichkeiten, in denen dein Hund auf dein Signal reagieren kann und belohne das dann mit den verschiedensten Belohnungen aus deiner Belohnungsliste. So verfliegt auch der Frust aus der einen Situation, in der dein Hund nicht auf dich reagieren konnte. Übe so, dass dein Hund und du auch Erfolg haben könnt! Achte darauf, dass es dir höchstens einmal in zwanzig Situationen passiert, dass du deinen Hund am Geschirr mitziehen musst. Sollte sich die Quote umdrehen und du musst neunzehn Mal ziehen und dein Hund reagiert einmal freudig und sofort auf dein Geschirr-Signal, bestünde die Gefahr, dass er sich an das Mitziehen gewöhnt und es für ihn quasi schon mit dazugehört. Er würde also irgendwann auf dein verbales Geschirr-Signal nicht mehr reagieren, sondern warten, bis du ihm mitziehst. Das ist aber nicht Sinn der Sache! Das kannst du verhindern, indem du immer so arbeitest, dass dein Hund sofort auf dein Signal reagiert. Genau dafür sind Ablenkungs- und Belohnungsliste da! Arbeite immer so, dass dein Hund auf dein Geschirr-Signal sofort, schnell und freudig reagieren kann. Und steigere die Ablenkungen anhand deiner Liste immer weiter, sodass er irgendwann auch bei Eichhörnchensichtung cool auf dein Signal reagiert, weil es ihm völlig schnurz ist, was so ein kleiner Nüssekauer von ihm denkt, wo er doch mit dir gemeinsam so einen Spaß haben kann!

Jetzt, wo du weißt, wie du reagierst, wenn dein Hund nicht auf dein Signal reagiert, ist es Zeit fürs eigentliche Rückruftraining, denn da wirst du den Geschirrgriff sicher mal brauchen.

Der doppelte Rückruf: Umorientierung plus Herankommen

Du wirst in den nächsten Kapiteln verschiedene Arten des Rückrufs kennenlernen. Den sogenannten „doppelten Rückruf" (DRR) für den Alltag und das schnelle Umkehrsignal „Turn" für die Situationen, in denen dein Hund sich schon im Hetzmodus befindet.

Du hast das richtige Equipment zur Hand und hast für Notfälle schon mal den Geschirrgriff aufgebaut. So, kann losgehen!

Nein, halt, vorher muss ich noch bissi was erklären. War ja klar, ne?

Wenn man es genau nimmt, besteht ein Rückruf aus zwei Teilen.

Teil Eins:

Dein Hund wendet sich aus der superspannenden Umwelt ab und wendet sich dir zu. Er orientiert sich also zu dir um. Und weil er sich zu dir umorientiert, nennt man das Signal, das du dazu brauchst, dieses Verhalten hervorzurufen, das „Umorientierungssignal", oder auch kurz „UO-Signal" genannt. Manchmal kannst du deinen Hund nach dem UO-Signal abrufen, manchmal kannst du ihm nach dem UO-Signal aber auch sagen „Bleib", wenn zum Beispiel gerade ein Jogger vorbeigelaufen kommt, der stolpern würde, wenn du deinen Hund jetzt abrufst. Dieses Signal bedeutet für deinen Hund einfach nur „Dreh dich zu mir herum."

Teil Zwei:

Dein Hund kommt nach der Umorientierung zu dir herangelaufen. Während er das tut, feuerst du ihn an. Warum? Weil es deinem Hund leichter fällt, zu dir gelaufen zu kommen, wenn du ihm beim Herankommen zeigst, dass du das wirklich toll findest. So bleibt seine Aufmerksamkeit leichter bei dir. Stell dir mal vor, dein Hund würde sich etwa 150 Meter von dir entfernt am Waldrand befinden. Du rufst ihn und er dreht sich zu dir herum und startet vielleicht sogar schon in deine Richtung. Und dann stehst du einfach nur da und wartest, bis dein Hund bei dir angekommen ist. Könnte

DER DOPPELTE RÜCKRUF

es vielleicht sein, dass dein Hund dann auf diesen 150 Metern zwischendurch nochmal abbiegt? Dass die Wildspur ihn noch einmal in ihren Bann zieht? Dass er plötzlich im leichten Trab ein Mauseloch entdeckt und einen Zwischenstopp einlegt? Das kannst du verhindern, indem du ihn anfeuerst, während er auf dich zugelaufen kommt. Dadurch bleibt er mit seiner Aufmerksamkeit bei dir. Das ist so wie eine permanente Funkverbindung zwischen dir und dem Hundegehirn. Du verankerst deinen Hund bei dir. Deswegen wird dieses Anfeuern auch „Ankersignal" genannt.

Das Schöne ist, dass du beide Signale, sowohl das UO- als auch das Ankersignal, getrennt voneinander üben und vertiefen kannst.

> Wichtig: Ist dein Hund geräuschempfindlich, solltest du lieber ein Wort verwenden. Ein Wort kannst du in der Lautstärke leichter variieren.

DRR: Das Umorientierungssignal

Ein gutes Signal hast du dir hoffentlich schon überlegt. Du kannst ein Wort nehmen und/oder einen Pfiff. Wenn dir als Wort gar nichts anderes einfällt, empfehle ich, einen Kosenamen deines Hundes für das UO-Signal zu reservieren. Dieser Kosename wird ab sofort nur noch für das UO-Signal verwendet.

Der Vorteil: Der Kosename geht meist leicht über die Lippen, ist bei Mensch und Hund eh schon mit positiven Emotionen verbunden und wird im Alltag nicht so häufig benutzt (wenn doch, nimm ein anderes Signal).

Du kannst auch einen Pfiff verwenden. Ich empfehle da einen langgezogenen, durchgehenden Pfeifton oder einen langen Triller. Der Vorteil ist, dass du diesen langgezogenen Pfiff in der Intensität anpassen kannst.

Sollte dein Hund mal etwas abgelenkter sein, kannst du den Pfiff etwas länger hinziehen, damit er doch noch im Gehirn ankommt. Wenn du zum Beispiel zwei kurze Pfiffe nehmen würdest, bestünde die Gefahr, dass der Hund, wenn er abgelenkt ist und das Training noch nicht so gut sitzt, diese zwei Pfiffe einfach überhört, weil sie eben nicht so intensiv rüberkommen.

Du musst dich nicht „entweder/oder" entscheiden. Du kannst sowohl mit einem Pfiff, als auch mit einem verbalen Signal arbeiten. Manchmal vergisst man die Pfeife ja daheim (mir passiert das natürlich nie…) oder du kriegst mal eine Erkältung und wirst heiser. Da ist manchmal das eine oder das andere sinnvoll. Arbeite in einer Trainingseinheit mit jeweils einem Signal und in einer anderen Trainingseinheit mit einem anderen Signal, wenn du möchtest.

Zusätzlich zu deinem Signal hast du selbstverständlich auch schon ein paar Belohnungen parat und für dein Training eine ablenkungsarme Umgebung aufgesucht, in der auf jeden Fall du und deine Belohnungen ganz oben auf der Interessenskala deines Hundes stehen.

Belohnungen bereithalten

DER DOPPELTE RÜCKRUF

Schritt Null: Rufen – Belohnen

Du stehst in dieser sehr ablenkungsarmen Umgebung, hast supertolles Futter in den Taschen oder den Lieblingsball in greifbarer Nähe oder machst dich bereit für einen kurzen Sprint, falls dein Hund ein Rennspiel super findet. Dein Hund ist angeleint. Nur zur Sicherheit. Du stehst gleich neben deinem Hund, damit er auch mitkriegt, dass du was von ihm willst.

Und jetzt gibst du dein Signal.

Wenn du ein Wort verwendest, dann sag es in einem Tonfall, der sich von deinem Alltagstonfall deutlich unterscheidet. Nicht streng, sondern einladend und enthusiastisch. Du möchtest, dass dein Hund seinen Kopf mit seinem „Boah, cool, wir machen was Nettes"-Gesicht in deine Richtung dreht. Wenn du einen Pfeifton gewählt hast, dann greifst du jetzt zu deiner Pfeife, pustest rein und hoffst, dass ein anständiger Ton dabei rauskommt.

Falls du dabei gerade in deiner Wohnung in einem Mehrparteienhaus stehst, achte darauf, dass du nicht zu enthusiastisch pfeifst, damit deine Nachbarn nicht vor Schreck von der Couch fallen oder dein Hund bedauert, dass er keine Hände hat, mit denen er sich die Ohren zuhalten kann.

Und in diesem allernullsten Schritt, diesem absoluten Einstieg, diesem völligen Anfängerprogramm machen wir etwas, was wir sonst fast nie tun: Wir belohnen den Hund auch dann, wenn er uns nicht anschaut.

Ganz egal, was er macht. Das heißt, es ist wurscht, ob er auf unser Rufen reagiert oder nicht. Egal, ob er uns anschaut oder nicht. Wenn wir uns sicher sind, dass er das Rufen irgendwie gehört hat, wird er belohnt. Das erkennst du daran, dass dein Hund irgendeine Reaktion zeigt. Es kann sein, dass er mit den Öhrchen wackelt. Es kann sein, dass er den Kopf zu dir dreht (Yeah!).

Es kann sein, dass er sich nur verwirrt umschaut, weil er nicht weiß, dass der Pfiff von dir kam. Das heißt, nachdem du gerufen oder gepfiffen hast, gibst du deinem Hund ein megagutes Leckerchen. Oder sogar eine ganze Handvoll megasuperdupergute Leckerchen, um einen genialen ersten Eindruck zu machen. Oder du spielt mit ihm. Oder du rennst mit ihm durch die Gegend.

Du weißt ja: Eine Belohnung ist das, was dein Hund toll findet! Und jetzt lernt er: Erst erklingt dieses komische Wort oder der Pfiff und danach passiert etwas Tolles!

Signal geben - Belohnen

Wiederhole das drei Mal.
Immer mit megaguten Belohnungen. Danach machst du den Test: Dein Hund schaut munter in der Gegend herum, ist aber nicht gerade vom Postboten abgelenkt? Dann gib mal dein Umorientierungs-Signal. Dreht sich dein Hund gleich zu dir um? Belohne ihn! Er hat verstanden, dass dieses Signal eine Bedeutung hat.
Verweile auf diesem nullsten Schritt nicht lange, damit dein Hund nicht lernt, dass er erst von dir wegschauen muss, damit du etwas Schönes mit ihm machst. Wiederhole das Ganze wirklich nur drei Mal.
Wenn dein Hund sich dann auf dein Signal hin umdreht, gehst du gleich einen Schritt weiter.
Wenn er sich nicht zu dir umdreht, musst du überlegen, woran das liegen könnte. Waren deine Belohnungen langweilig? War der Ort, an dem du geübt hast, mit zu vielen Ablenkungen gespickt? Fühlt sich dein Hund dort vielleicht unwohl und ist eher damit beschäftigt, die Umgebung im Auge zu behalten, um sich sicher zu fühlen, statt sich mit dir zu beschäftigen? Verändere die Trainingssituation so, dass dein Hund auf dich reagieren kann und wiederhole das Signal noch drei Mal und mach dann wieder den Test. Jetzt klappt es? Perfekt! Dann ist es Zeit für den nächsten Schritt.

DER DOPPELTE RÜCKRUF

Der nächste Schritt: Rufen – Umschauen – Belohnen

Das hier kennst du schon: Du stehst in deiner ablenkungsarmen Umgebung und hast megatolle Belohnungen griffbereit bei dir. Dein Hund steht neben dir und ist zur Sicherheit angeleint, damit er, wenn du rufst oder pfeifst, nicht einfach weggehen kann. Lass die Leine aber locker. Die ist nur zur Sicherheit gedacht und nicht dafür, deinen Hund an dich zu ketten.

Stell dich so hin, dass dein Hund nur mit einem Ohr wackeln muss, um sich zu dir umzuwenden. Stelle dich also nicht hinter deinen Hund, sondern steh locker neben ihm in Hundekopfnähe. Achte darauf, dass ihm deine Nähe auch angenehm ist. Wenn du ihm zum Beispiel sonst öfters mal aus Versehen auf die Pfoten steigst, kann es gut sein, dass ihm deine Nähe, wenn du neben ihm stehst, etwas unheimlich ist und er deswegen mehr Abstand braucht. Wenn du also merkst, dass dein Hund sich gegen die Leine stemmt, sobald du dich etwas näher an ihn heranstellen möchtest, lass ihm den Abstand, den er braucht. Dränge dich also nicht einfach auf, sondern bleib locker in seiner Nähe stehen. Wir wollen doch, dass er sich in deiner Nähe wohlfühlt.

Bis du bereit? Dann gibst du wieder dein Wort- oder Pfeifsignal.

Und jetzt gibt es zwei Möglichkeiten.

Möglichkeit 1:

Dein Hund wendet seinen Kopf in deine Richtung. Er weiß ja schon durch den nullsten Schritt, dass es nach diesem Signal eine Belohnung gibt.

Yeah, Party! Du clickst, markerst oder lobst ganz feste! Freu dich! Das ist ja genau das, was du wolltest. Und dein Hund hat es getan! Dafür darf er gerne fürstlichst belohnt werden. Du gibst ihm ein megatolles Guttie, wirfst seinen Lieblingsball, kullerst ein paar Leckerchen über den Boden, rennst ein wenig mit ihm, klatschst in die Hände, wirfst ein paar Leckerlis in die Luft, sodass er sie am Boden suchen darf. Mach etwas Feines! Hauptsache, dein Hund freut sich!

 Achtung!

Deinen Hund aus lauter Begeisterung im Gesicht herumzugrabbeln, ist bei den allermeisten Hunden eher nicht so angesagt. Geh kein Risiko ein. Verdirb dir deine Belohnung nicht. Mach etwas, was dein Hund auf jeden Fall genial findet! Dass der Rückruf das Beste ist, was ihm je passieren konnte, soll sich gleich richtig im Kopf deines Hundes einbrennen. Überrasche ihn.
Wenn dein Hund ein „Boah, wie geil, was war das denn?"-Gesicht macht, war's richtig!

DER DOPPELTE RÜCKRUF

Möglichkeit 2:

Dein Hund reagiert nicht auf das Signal. Tja, und nun? Du hat gerufen/gepfiffen und dein Hund schaut lustig in der Gegend herum, macht aber keine Anstalten, sich zu dir zu wenden.
Tief durchatmen.

> In einem Notfall, bei dem dein Hund ohne Leine gerade ein Reh in Richtung Straße hetzt, rufst du natürlich auch zwanzig Mal, falls es notwendig sein sollte. Aber jetzt bist du im Training und kannst die Situation besser beeinflussen. Also: Nur einmal rufen.

> Wichtig: Wiederhole das Signal nicht einfach noch einmal. Ausnahme: Du bist dir sicher, dass dein Hund dein erstes Rufen überhaupt gar nicht gehört hat, weil zum Beispiel gerade ein Flugzeug durch dein Wohnzimmer gerast ist und dein Signal übertönt hat. In diesem Fall wartest du natürlich, bis der Flieger dein Wohnzimmer wieder verlassen hat und rufst dann ein zweites Mal. Du möchtest, dass dein Hund auf dein erstes Signal reagiert. Gewöhne ihn also von Anfang an gar nicht erst daran, dass er erst auf dein zweites, drittes, viertes Rufen reagiert.

Die erste Frage lautet: Kann dein Hund hören? Ohne Scherz jetzt. Manche Hunde werden schleichend taub, ohne dass wir Menschen es sofort merken. Bei meiner Entlebucher-Hündin habe ich erst gemerkt, dass sie so ziemlich taub war, als sie auf die Türklingel nicht mehr reagiert hat, wenn die anderen beiden Hunde nicht dabei waren. Haben die beiden anderen Alarm geschlagen, ist sie mitgelaufen, daher ist das nie so wirklich aufgefallen. Erst als ich mit ihr einmal alleine im Büro war und die Türklingel ging, habe ich gemerkt, dass sie fast nichts mehr gehört hat. Also: Bevor wir den Hund für einen ignoranten Sack halten...erstmal ausprobieren, ob er wirklich etwas hört.

Du bist dir sicher, dass er dein Signal gehört hat, aber trotzdem nicht reagiert? Nun, dann musst du jetzt etwas unternehmen. Im Training sollte kein Ruf einfach so ins Leere gehen, damit sich dein Hund gar nicht erst daran gewöhnen kann, dein Rufen einfach so zu überhören. Dass er jetzt nicht auf dich reagiert, kann an mehreren Dingen liegen. Vielleicht ist er total abgelenkt. Vielleicht kennt er dein Signal einfach noch nicht und versteht nicht, dass er jetzt gemeint ist. Geh mal nicht davon aus, dass dein Hund dich einfach ignoriert, weil du ihm furzegal bist. Geh einfach mal davon aus, dass er noch nicht gelernt hat, dass dieser Ruf ihm gilt und dass er sich daraufhin zu dir umdrehen soll. Das bringst

DER DOPPELTE RÜCKRUF

du ihm jetzt erst bei. Du erinnerst dich daran, dass dein Hund angeleint ist? Gut. Dann halte die Leine fest, sodass dein Hund nicht einfach weggehen kann. Du weißt ja schon: Nicht rumzerren, einfach nur halten. Die Leine darf durchhängen und ist nur zur Sicherheit gedacht.

Damit dein Signal nicht ins Leere geht, ist es wichtig, dass du jetzt irgendetwas tust, das deinen Hund dazu bringt, dass er kurz in deine Richtung schaut. Blickkontakt ist gar nicht notwendig. Wenn dein Hund mal 200 Meter weit entfernt ist, weißt du auch nicht, ob er dir, wenn er sich umwendet, ins Gesicht oder auf deinen linken Zeh schaut. Es reicht aus, wenn sich dein Hund dir zuwendet. Er darf dabei auch auf deine linke Kniescheibe schauen. Damit das passiert, kannst du zum Beispiel leise in die Hände klatschen. Oder dich ein wenig auf der Stelle bewegen, sodass deine Bewegung deinen Hund triggert, in deine Richtung zu schauen. Falls es gar nicht anders geht, kannst du ihn auch ein, zwei Mal locken, indem du ihm ein Guttie vor die Nase hältst und die Hand mit dem Guttie langsam in Richtung deines Gesichts ziehst. Wenn dein Hund dem Guttie dann mit der Nase folgt, schaut er automatisch in deine Richtung. Wenn er das tut, belohne ihn! Ja, auch dann, wenn er nicht innerhalb einer Zehntelsekunde zu dir geschaut hat. Er lernt ja noch.

Für Aufmerksamkeit sorgen und belohnen

Da du noch am Anfang stehst, kannst du ihn ganz dolle mit tollen Dingen belohnen, auch wenn er nicht sofort reagiert hat. Er soll ja zunächst lernen, dass dein Rückruf eine super Sache ist und dass es sich lohnt, immer und überall zu reagieren. Später belohnst du einen nicht ganz so genialen Rückruf nicht mehr ganz so gut, aber dazu kommen wir später. Jetzt am Anfang darfst du gerne noch richtig in die Vollen greifen, um deinen Hund den Rückruf so unglaublich gut wie nur möglich empfinden zu lassen.

Falls er auch auf dein Gezappel oder dein Händeklatschen nicht reagiert, bleibt dir noch der Geschirrgriff. Den hast du ja genau für solche Situationen aufgebaut. Gib dein „Geschirr"-Signal und fasse deinem Hund ins Geschirr. Mehr sollte nicht nötig sein, damit sich dein Hund dir zuwendet. Wenn er das tut: Belohne ihn großzügig! Das kennst du ja schon.

Tut er das nicht:
STOPP! Wenn dein Hund weder auf dein Signal, noch auf deine Bewegung, noch auf den Geschirrgriff reagiert, dann hängt irgendwas ganz im Argen. Geh noch einmal auf Schritt Null zurück.

Bevor du aber Schritt Null noch einmal wiederholst, überlege dir ganz genau, woran es gehakt haben könnte:

Zu viel Ablenkung? Belohnungen, die deinem Hund nicht gefallen haben? Oder stimmt vielleicht etwas anderes nicht? Ist dein Hund unsicher? Ist es in deiner Nähe für ihn nicht besonders schön?

Überprüfe zunächst einmal alle Variablen, die in Frage kommen und beginne dann wieder mit dem nullten Schritt. Wenn du merkst, dass dein Hund wieder voll bei der Sache ist und reagiert, wenn du das Signal sagst, gehst du wieder zu diesem Schritt zurück und erwartest, dass er sich zu dir herumdreht.

DER DOPPELTE RÜCKRUF

Von Anfang an Belohnungen variieren

Jetzt ist das Training noch einfach. Du stehst in einer kontrollierten Umgebung und bist das Interessanteste, das es an diesem Ort für deinen Hund gibt. Das ist super, denn so hast du den Kopf frei, damit du dich in die Kunst des richtigen Belohnens perfekt einarbeiten kannst. Wenn dir später mal der Hase über den Weg läuft und dein Hund losstartet, hast du keine Zeit mehr, um noch intensiv nachzudenken, mit welcher Belohnung du auf den (dann hoffentlich erfolgreichen) Rückruf reagierst, damit dein Hund auch beim nächsten Hasen noch perfekt reagiert. Dann muss es sitzen. Nutze also die Zeit, die du jetzt hast, um möglichst viel Routine im bedürfnisgerechten Belohnen zu bekommen.

Und so kriegst du richtig gute Belohnungsmuskeln:

Plane heute vier kleine Trainingssessions. Jede Session dauert drei Rückrufe lang. Nimm dir vor jeder Session ein Blatt Papier und schreibe auf, welche drei Belohnungen für deinen Hund in genau dieser Session interessant sein könnten. Eine dieser Belohnungen sollte eine Belohnungssequenz sein, damit du lernst, diese extrem effektiven Sequenzen in dein Rückruftraining einzubauen.

Verschiedene Belohnungen bewusst einsetzen

Und dann legst du los: Du gibst dein erstes UO-Signal und belohnst deinen Hund mit der ersten Belohnung. Dann gibst du dein zweites UO-Signal und belohnst deinen Hund mit der zweiten Belohnung.
Und dann? Ja, genau. Dann gibst du dein drittes UO-Signal und belohnst mit der dritten Belohnung. Und du hast ja schon gelernt: Wenn mal eine Belohnung nicht so gut ankommt, solltest du am besten einen Plan B haben und noch schnell eine andere, passendere Belohnung hinterherschieben.
Keine Angst, im Laufe der Zeit bekommst du immer mehr Routine darin, auf deinen Hund zu achten und genau zu erkennen, auf was er in einem bestimmten Moment Bock hat. Mach dir einen Spaß daraus, passende Belohnungen zu finden. Bitte verhindere unbedingt, dass du bei deinem Training in Stress gerätst. Es soll nicht nur deinem Hund Spaß machen, sondern auch dir!
Es geht nicht darum, deinem Hund zu Diensten zu sein und ihn immer wieder mit neuen Ideen zu unterhalten. Dieser Zwang wird schnell zur Belastung und fühlt sich auch nicht gut an. Es geht um ein gemeinsames, spannendes, lustiges Tun. Freu dich, wenn dein Hund sich freut und du ins Schwarze getroffen hast. Und wenn du mal nicht ins Schwarze triffst, überlege einfach kurz, was besser wäre und versuche es dann noch einmal erneut. Ich liebe das Gesicht von Hunden, wenn sie über beide Backen strahlen, weil sie Spaß haben.
Das ist für mich keine Arbeit, sondern einfach gemeinsame Freude. Genieße die Belohnungen!
Wiederhole diese kleine Dreier-Einheit mindestens eine Woche lang jeweils vier Mal am Tag. Suche bewusst immer wieder neue Belohnungen aus, die für deinen Hund in genau dieser Session interessant sind. Ohne Ablenkung.
So kommst du allein in der ersten Woche auf 84 UO-Signale, die sich in aller Ruhe superpositiv ins Hirn deines Hundes einbrennen können.
Und wenn du dich in die Sache mit den Belohnungen richtig reingefuchst hast, geht es als Nächstes darum, dein UO-Signal unter immer weiter steigender Ablenkung durchzuführen und dabei die Belohnungen zu variieren und auch zwischen tollen und weniger tollen Belohnungen zu differenzieren.

DER DOPPELTE RÜCKRUF

Ablenkungen einbauen

Du hast dein UO-Signal aufgebaut und dabei immer wieder verschiedene Belohnungen gewählt, die für deinen Hund in genau der Situation, in der du gerufen hast, sehr interessant waren. Bisher hast du das aber nur unter möglichst wenig Ablenkung geübt. Das macht ja auch Sinn, damit du und dein Hund die Spielregeln erst einmal in Ruhe kennenlernen können. Jetzt geht es wie auch schon beim Geschirrgriff darum, dein Training auf ein richtig hohes Niveau zu heben. Und dazu brauchst du wieder deine Ablenkungs- und deine Belohnungsliste. Dein Hund ist bei diesen Übungen wieder angeleint, damit er nicht einfach so zu den Ablenkungen hinlaufen kann. Du kennst das ja schon vom Geschirrgriff. Nimm dir deine Listen und suche dir eine leichte Ablenkung und drei tolle Belohnungen raus. Achte darauf: Was deinen Hund ablenkt, ist oft die beste Belohnung! Du kannst also, wenn es in der Situation sinnvoll ist, deinen Hund zur Belohnung mit einem Freigabesignal zur Ablenkung schicken. Zusätzlich sollte eine der Belohnungen nach Möglichkeit eine Belohnungssequenz sein. Einfach, damit du in der Routine bleibst. Vielleicht steht auf deiner Ablenkungsliste: „Mein Mann geht kurz aus dem Zimmer und kommt nach wenigen Sekunden wieder herein". Also bittest du deinen Mann, einmal kurz aus dem Zimmer zu gehen, bis drei zu zählen und dann wieder ins Zimmer zu kommen. Dein Hund schaut kurz, wer da zur Tür hereinkommt? Prima! Nutze die Gelegenheit und gib dein UO-Signal (Ruf oder Pfiff).

Denke daran: Du stehst immer noch unmittelbar neben deinem Hund.

Ablenkungen einbauen

Und jetzt gibt es wieder zwei Möglichkeiten.

Dein Hund schaut sofort zu dir? Perfekt! Belohne ihn richtig, richtig gut mit der ersten Belohnung! Wenn es deinem Hund wichtig ist, kannst du ihn auch zu deinem Mann schicken, damit er deinen Mann begrüßen kann.

Wiederhole danach diese Übung noch einmal. Bitte deinen Mann, kurz aus dem Zimmer zu gehen und dann wieder herein zu kommen. Dabei gibst du dein UO-Signal. Dein Hund schaut wieder zu dir? Spitze! Jetzt folgt die zweite Belohnung. Wiederhole das Ganze noch einmal und wenn dein Hund wieder schaut, folgt die dritte Belohnung.

Mach danach eine Pause. Nach der Pause schnappst du dir wieder deine beiden Listen und wählst die nächste leichte Ablenkung und die nächsten, passenden Belohnungen aus. Du kannst, wenn du möchtest, jeden Tag drei Einheiten á drei Wiederholungen durchführen. Nutze bei jeder Einheit eine andere Ablenkung. Beginne mit den leichten Ablenkungen. Und erst, wenn du die alle durchhast, wendest du dich den mittleren und später den schweren Ablenkungen zu.

Was, wenn dein Hund die zweite Möglichkeit wählt und sich nach deinem Signal nicht zu dir herumdreht? Falls er sogar versucht, zur Ablenkung hinzulaufen, hältst du als Erstes die Leine in der Hand. Auch hier wieder wichtig: Nicht dran rumzerren, einfach nur halten.

Das weitere Prozedere kennst du ja schon: Versuche, dich durch Bewegungen oder Geräusche bemerkbar zu machen. Lass den Rückruf nicht einfach ins Leere gehen. Reagiert dein Hund, erhält er eine Belohnung, die aber kleiner ausfällt als die, die er erhalten hätte, wenn er sofort reagiert hätte.

Wenn er so gar nicht reagiert, nutzt du den Geschirrgriff. Das kennst du ja auch schon. Die Belohnung fällt bei durchgeführtem Geschirrgriff aber noch geringer aus, als wenn er auf deine Bewegung oder deine Geräusche reagiert hätte. Verzichte bitte nicht völlig auf die Belohnung, denn schlussendlich landet dein Hund ja dort, wo er sein soll: Vor dir mit Blick zu dir. Auch wenn es nicht sofort megagut geklappt hat, hat er ja irgendwann das erwünschte Verhalten gezeigt und das sollte dann auch belohnt werden, auch wenn du die Wertigkeit der Belohnung an die Wertigkeit des Verhaltens anpasst.

DER DOPPELTE RÜCKRUF

Sprich:

Tolle Umorientierung -> Tolle Belohnung
Weniger tolle Umorientierung -> Weniger tolle Belohnung

> Wichtig:
> Sollte die UO mal nicht so dolle geklappt haben, hänge eine kurze, zusätzliche Übungseinheit dran und mach die Übung bei den nächsten drei Versuchen einfacher. Suche dir eine leichtere Ablenkung (vielleicht war es bisher für deinen Hund noch zu schwer) oder überlege, ob die Belohnungen, die du verwendest, wirklich passend für deinen Hund und diese Situation sind. Und wenn du die Übung entsprechend angepasst hast, wird dein Hund bei den nächsten drei Versuchen supergut reagieren. Und dabei lernt er gleich: „Wenn ich sofort schaue, wenn gerufen wird, erhalte ich eine klasse Belohnung! Schaue ich nicht sofort, gibt's zwar immer noch was, aber es ist für mich nicht ganz so lohnend, als wenn ich sofort reagiert hätte."

Nach einer Null-Runde noch einmal für einen perfekten Rückruf sorgen

Mit diesem Schema gehst du alle Ablenkungen, die du aufgeschrieben hast, nach und nach durch. Steigere dich von „leicht" über „mittel" bis „schwer" und achte auf passende Belohnungen aus deiner Belohnungsliste.

Wenn du bei den mittleren Ablenkungen angekommen bist, kannst du die Anzahl der UO-Wiederholungen variieren. Rufe deinen Hund manchmal nur einmal, manchmal wiederholst du die Übung mit einer Ablenkung vier Mal, manchmal wie bisher drei Mal.

Achte darauf, dass du, wenn du erst eine Woche lang unter leichter Ablenkung geübt hast, nicht gleich in der nächsten Woche versuchst, deinen Rüden mit deinem UO-Signal von einer läufigen Hündin weg zu orientieren. Die Ablenkungsliste ist ja gerade dazu da, dein Training systematisch von leicht bis schwer zu gestalten, für viele, viele erfolgreiche Wiederholungen zu sorgen und so den Rückruf bombensicher zu gestalten. Wenn du doch mal in eine Situation kommst, in der du rufen musst (wobei…wir hatten ja schon über die Schleppleine und sonstige Managementmaßnahmen gesprochen, gell?), dann nutze dafür bitte nicht dein neues UO-Signal, sondern zum Beispiel den eh schon verbrannten Namen des Hundes. So machst du dir dein Signal nicht gleich wieder kaputt.

Bis du bei den schweren Ablenkungen angekommen bist, hat dein Hund bereits eine Mega-Belohnungsgeschichte im Kopf. Ihr habt beide UO-Routine bis zum Geht-nicht-mehr und so ist die Wahrscheinlichkeit groß, dass dein Hund auch bei schweren Ablenkungen reflexartig auf dein UO reagiert.

Eine wichtige Regel gibt es dabei: Wenn du dein UO-Signal gibst, während eine schwere Ablenkung wie ein Eichhörnchen, ein Reh oder ein fremder, keifender Hund vor deinem Vierbeiner herumtanzt, dann gibt es nach erfolgter Umorientierung auf jeden Fall eine krassgeile Daran-wird-er-sich-länger-erinnern-Belohnung! Auch dann, wenn es

DER DOPPELTE RÜCKRUF

etwas dauert, bis dein Hund sich zu dir herumdreht. Auch dann, wenn du den Geschirrgriff einsetzen musst. Auch dann, wenn du unter normalen Umständen eher eine So-la-la-Belohnung anwenden würdest. Umorientierung unter schwerer Ablenkung sind Ausnahmesituationen. Situationen, in denen dein Hund früher komplett hohl gedreht und sofort durchgestartet wäre. Dass er jetzt überhaupt auf dich reagiert, ist jede Belohnung wert! Also: Bei schwerer Ablenkungen immer genial belohnen! So bekommst du schnell einen Fuß in die Tür und dein Hund nimmt dich auf Dauer auch noch wahr, wenn er in stressige und extrem aufregende Situationen gerät.

Bonustraining: Auf die Jagd nach Blickkontakten gehen

Es gibt eine superschöne Möglichkeit, die Umorientierung zu dir zu fördern, ohne dass du dafür viel tun musst. Achte beim Spaziergang einfach mal auf Blickkontakte deines Hundes zu dir. Schaut er zwischendurch mal, wo du bist? Das ist die Gelegenheit, um ihn mal schnell dafür zu belohnen.

Immer wenn er sich mal eben zu dir herumdreht, markerst/clickst/lobst du und belohnst deinen Hund dann. Da er ja für den Blickkontakt belohnt wird, wird er dieses Verhalten immer häufiger zeigen. Manche Hunde schauen so häufig, dass die Halter davon regelrecht genervt sind - Luxusproblem! Aber wenn du merkst, dass dein Hund sich so häufig zu dir herumdreht, dass er gar nicht mehr richtig spazierengehen kann und du innerlich schon denkst: „Boah, neeee, jetzt schaut der mich schon wieder an!", dann kannst du die Häufigkeit des Blickkontakts durch deine Belohnungen verändern.

Wenn du merkst, dass dein Hund deiner Ansicht nach zu häufig nach dir schaut, gib ihm nicht jedes Mal eine großartige, umwerfende Belohnung, sondern lobe ihn einfach nur verbal und gehe nach dem Lob einfach ruhig weiter spazieren. Viele Hunde nehmen das Lob wahr, aber es hat häufig keine so hohe Wertigkeit wie eine richtig tolle Futter- oder Rennbelohnung. Da das Blickkontakt-Verhalten nicht mehr so hochwertig belohnt wird, wird es automatisch weniger.

Freiwilligen Blickkontakt suchen

 **Tipp!**

Du kannst dir die Blickkontakt-Übung auch ganz gezielt zunutze machen. Nämlich dann, wenn du weißt, dass du in den nächsten Minuten in eine Situation kommen könntest, in der du die Aufmerksamkeit deines Hundes brauchst. Es könnte zum Beispiel sein, dass du in wildreichem Gebiet spazieren gehst. Oder du weißt, dass du gleich am Zaun des Erzfeindes vorbeigehst. Fange in diesem Fall bereits ein, zwei Minuten vorher, wenn noch keine große Ablenkung da ist, damit an, freiwilligen Blickkontakt großzügig zu belohnen. So ist es leichter, deinen Hund auch in der dann folgenden, stressigen Situation besser unter Kontrolle zu halten, denn er ist dann ja eh schon mit einem Teil seiner Aufmerksamkeit bei dir.

Dein Hund zeigt immer häufiger selbständig Blickkontakt zu dir und reagiert auch bei mittlerer Ablenkung auf dein UO-Signal, während du direkt neben ihm stehst? Dann ist es jetzt Zeit, mehr Abstand zu deinem Hund ins Training einzubauen, damit du ihn auch noch rufen kannst, wenn er 50 Meter entfernt von dir steht, während das Kamikaze-Eichhörnchen über den Weg saust und deinem Hund den Stinkefinger zeigt. Und dabei helfen wir dem Hund mit dem Ankersignal.

DER DOPPELTE RÜCKRUF

Das Herankommen

Dein Ankersignal hast du schon festgelegt? Du kannst ein Wortsignal verwenden, wie zum Beispiel „Zack...zack...zack" oder du nimmst einen Intervallpfiff (s. Kapitel „Signale").

Der erste Schritt: Wie ein Magnet

Du weißt ja schon: Immer wenn du etwas Neues in dein Training einbaust, übst du zunächst ohne Ablenkung. Du suchst dir also eine ruhige Umgebung, in der dein Hund gut auf dich achten kann. Eine Umgebung, in der es keine interessanten Mauselöcher, keine Hundekumpels und keine keifenden Katzen gibt. Achte darauf, dass du hinter dir ein paar Meter freie Laufbahn hast, sodass du nicht in Gefahr läufst, jemanden über den Haufen zu rennen oder mit dem Fuß in einen Gully zu treten.

Und dann fängst du an, wie du das schon kennst: Du stellst dich unmittelbar neben deinen Hund. Dann gibst du dein UO-Signal. Wenn du das bisher anständig geübt hast, wird sich dein Hund sofort zu dir herumdrehen. Das Herumdrehen clickst/markerst/lobst du ganz dolle. Soweit nichts Neues.

Achtung: Jetzt kommt was Neues!

Statt deinen Hund nach dem Click/Marker/Lob sofort zu belohnen, baust du noch eine Kleinigkeit dazwischen: Das Herankommen. Wir machen uns zunutze, dass alles, was zwischen dem Click und der Belohnung passiert, automatisch mitbelohnt wird.

Anstatt also sofort zu belohnen, bewegst du dich nach dem Click rückwärts von deinem Hund weg. Er schaut ja sowieso in diesem Moment zu dir, weil er seine Belohnung erwartet. Daher ist die Wahrscheinlichkeit groß, dass er sich von dir anstecken lässt und dir einfach folgt. Du ziehst ihn wie ein Magnet mit dir mit. Achte beim Rückwärtslaufen auf deine Körpersprache. Sei freundlich und einladend. Drehe deinen Körper ein wenig seitwärts und lächle deinen Hund an, sodass er dir gerne folgt. Du kannst dabei auch ein wenig in die Hände klatschen, wenn dein Hund das mag und sich dadurch motiviert fühlt. Probiere aus, was für euch beide am besten passt.

Rückwärts laufen

In dem Moment, in dem sich dein Hund in deine Richtung bewegt, gibst du dein Ankersignal. Sage zum Beispiel mitreißend und begeistert „Zack...zack...zack ...zack", solange dein Hund mit dir mitläuft. So verbindet er dein Signal mit „Ich laufe schnell auf mein Frauchen/Herrchen zu."

Nach vier, fünf Metern hältst du an und belohnst deinen Hund jetzt endlich. Sehr, sehr großzügig, denn er hat ja einige Sekunden auf seine Belohnung warten müssen und hat sie sich jetzt so richtig verdient!

DER DOPPELTE RÜCKRUF

Was kann schiefgehen

Es könnte sein, dass dein Hund dir nicht folgt. Er weiß ja noch gar nicht, was er tun soll. Überprüfe: Ist er zu abgelenkt? Dann suche eine andere Umgebung aus, in der es keine interessanten Maulwurfshügel oder Pommesbudenreste gibt. Ist deine Körpersprache einladend genug? Schau mal, ob du wirklich seitlich stehst oder ob du dich deinem Hund frontal entgegenbückst und ihn auf diese Weise blockst. Hunde sind sehr oft sehr höflich und lassen sich durch unsere Körpersprache leicht beeindrucken. Wenn du dir nicht sicher bist: Lass dich mal filmen. Dabei ist schon so manchem Hundehalter eine mittelgroße Glühbirne aufgegangen.

Außerdem kann es passieren, dass dein Hund zwar kurz mit dir mitgeflitzt kommt, dann aber Gas gibt und an dir vorbeirennt. Das ist natürlich nicht Sinn der Sache, denn er soll ja auf dich zurennen, damit du ihn im Rückruffall unter Kontrolle behältst. Sollte das der Fall sein, lauf nicht so weit rückwärts. Locke deinen Hund zu dir, sobald du merkst, dass er Anstalten macht, an dir vorbeizuflitzen. Das kann anfangs schon nach ein, zwei Schritten der Fall sein.

Halte ihm seine Belohnung direkt vor die Nase und wenn er daran angedockt hat, läufst du weiter rückwärts. Wenn dein Hund merkt, dass er nach dem Ankersignal immer bei dir belohnt wird, wird er sich automatisch immer mehr zu dir orientieren und dann kannst du das Locken wieder abbauen. Das machst du, indem du deinem Hund, wenn er sich zu dir orientiert, seine Belohnung einmal kurz zeigst, sie dann wegpackst und weiter rückwärts läufst. Wenn er mitrennt, erhält er seine Belohnung nach wenigen Schritten. Klappt das, lässt du das Zeigen immer öfter weg und fasst wieder erst nach der Belohnung, wenn dein Hund eine kurze Strecke mit dir mitgelaufen ist. Manche Hunde laufen zwar mit ihrem Menschen mit, halten aber immer mehr als eine Armlänge Abstand.

Das sind häufig Hunde, die bei einem nicht befolgten Rückruf von ihren Haltern grob eingefangen und dann bestraft wurden. Da Hunde ja in der Regel ziemlich intelligente Lebewesen sind, merken sie sich solche Dinge. Das heißt, dass sie versuchen, der Strafe zu entgehen. Die Strafe muss noch nicht mal etwas gewesen sein, was dem Hund weh tut. Es reicht aus, wenn der Hund nach dem Einfangen sofort angeleint und zum Beispiel vom Hasen, vom Hundekumpel oder von der Nachbarskatze weggeführt wird. Er lernt: „Sobald ich eingefangen werde, ist der Spaß vorbei". Natürlich kommen die dann nicht so nah heran, da-

wir sie fassen und anleinen könnten. Achte mal darauf: Streckst du deinem Hund schon aus lauter Einfang-Routine die Arme entgegen, wenn er in deine Nähe kommt? Und weicht er dann direkt aus? Dann weißt du schon, woran es liegt. Behalte deine Arme bei dir und achte darauf, deinen Hund immer genial zu belohnen, wenn er in deine Nähe kommt. Und lass ihn in den nächsten Wochen und Monaten lieber an der Schleppleine, wenn du dir nicht sicher bist, ob er wirklich folgt und ob du ihn dann vielleicht wieder unangenehm einfangen musst.

Steigern

Das war natürlich nur der kleine Anfang des großen Rückrufs. Jetzt musst du dich natürlich noch steigern.

Entfernung

Das erste Kriterium, das du steigerst, ist die Entfernung.
Zunächst steigerst du die Entfernung, die du mit deinem Hund gemeinsam rückwärts läufst. Beginne mit vier, fünf Schritten und steigere dich in den nächsten Tagen auf zwanzig, dreißig Schritte. Gib immer dein Ankersignal, während dein Hund mit dir mitläuft, sodass du eine saubere Verknüpfung zwischen Ankersignal und Verhalten aufbaust.

Tipp!

Wenn du merkst, dass du nicht so weit rückwärts laufen kannst, lass diesen Zwischenschritt weg und gehe gleich zum nächsten Schritt über. Manchen Menschen fällt es einfach schwer, schnell rückwärts zu gehen oder zu laufen. Das ist nicht schlimm. Dieser Zwischenschritt festigt das Verhalten „auf den Menschen zurennen" und gibt dem Hund und dir mehr Routine, aber das Training funktioniert auch ohne diesen Schritt. Achte aber immer noch darauf, dass du ohne Ablenkungen übst.

DER DOPPELTE RÜCKRUF

Als Nächstes bringst du mehr Entfernung zwischen dich und deinen Hund. Lasse deinen Hund drei, vier Schritte vorlaufen oder entferne dich drei, vier Schritte nach hinten, während er schnüffelt oder durch die Gegend schaut. Sobald er nicht mehr allzu sehr abgelenkt ist, gibst du dein UO-Signal.

Wenn dein Hund dann zu dir schaut, läufst du wieder rückwärts und gibst begeistert dein Ankersignal. Dein Hund hat ja schon verbunden, dass er nach diesem Signal eine tolle Belohnung von dir bekommt. Also wird er sich ziemlich wahrscheinlich in deine Richtung bewegen. Indem du rückwärts läufst, triggerst du die Bewegung zu dir noch einmal ganz besonders. Gib das Ankersignal, bis dein Hund bei dir angekommen ist. Belohne ihn dann auch ganz besonders gut! Steigere dich in den nächsten drei Wochen von drei, vier Schritte auf dreißig, vierzig Schritte (vorausgesetzt, deine Schleppleine ist lang genug oder du bist in sicherem/eingezäuntem Gelände). Übe drei Mal am Tag und variiere dabei die Wiederholungen zwischen ein und fünf Mal.

Denke daran, dass du auch mit den Belohnungen spielst, sodass es für euch beide nicht langweilig wird und ihr gemeinsam Spaß habt. Wichtig ist, dass du immer **vor** deinem Rückruf weißt, mit was du als Nächstes belohnen möchtest.

Als Drittes steigert ihr euch, indem du nicht mehr rückwärts läufst. Wenn du das Gefühl hast, dass es deinem Hund Flügel verleiht, wenn du rückwärts gehst und es dir Spaß macht, darfst du das natürlich beibehalten. Es kann aber auch mal Situationen geben, in denen du hinter dir keinen Platz hast. Es macht daher Sinn, deinem Hund beizubringen, auch dann auf dich zuzulaufen, wenn du nicht rückwärts von ihm weggehst. Du beginnst damit, das Rückwärtslaufen auszuschleichen, wenn du mehr als zwanzig Schritte Entfernung zwischen dir und deinem Hund aufgebaut hast. Übe wieder in einer Dreier-Einheit. Beim ersten Mal läufst du ganz normal rückwärts wie bisher auch.

Beim zweiten Abruf bewegst du dich nur noch halb so schnell rückwärts wie beim ersten Mal. Beim dritten Mal bleibst du einfach stehen, gibst aber immer noch denselben Anker wie bisher auch. Es kann sein, dass dein Hund dabei erst einmal ein wenig bremst, wenn er auf dich zukommt, du dich aber nicht rückwärts bewegst.

Achte in diesem Fall darauf, dass du ihn auf jeden Fall mit deiner Körpersprache freundlich einlädst, zu dir zu kommen. Strecke dich ihm nicht entgegen oder beuge dich über ihn, sondern drehe dich ein wenig seitwärts, lächle und ankere begeistert. Lass dabei die Belohnung richtig klasse ausfallen, sodass dein Hund sich nicht von deiner mangelnden Rückwärtsbewegung abschrecken lässt, auf dich zuzulaufen.

DER DOPPELTE RÜCKRUF

 Tipp!

In dem Moment, in dem dein Hund beim Abrufen mehr als dreißig Schritte von dir entfernt ist, kann es passieren, dass dir beim Anker die Puste ausgeht, wenn du von Anfang an Vollgas gibst. Das kannst du verhindern, indem du deinen Anker von „mäßig" bis „intensiv" steigerst. Ist dein Hund noch weiter entfernt, beginnst du zunächst langsam.

„Zack" (oder Pfiff) – Pause – Pause – Pause – „Zack" – Pause – Pause – Pause – „Zack"

Kommt dein Hund näher, steigerst du dich.

„Zack" – Pause – „Zack" – Pause – „Zack" – Pause – „Zack"

Kommt dein Hund noch näher, wirst du richtig intensiv und begeistert.

„Zack" – „Zack" – „Zack" – „Zack" – „Zack"

Je näher dein Hund zu dir kommt, desto weniger Pausen hast du zwischen den einzelnen Ankersilben (oder Pfiffen), desto begeisterter wird deine Stimme, desto freudiger wirst du. So hast du länger Puste und kannst auch größere Strecken deines Hundes überbrücken. Und gerade auf größeren Strecken brauchst du den Anker ganz dringend. Der Anker ist wie eine permanente Funkverbindung zum Hundegehirn und sagt deinem Hund „Ja, bitte bis ganz hierher zu mir herankommen!".

Raketenstarts einfangen

Zusätzlich zu diesem ganzen Training kannst du es dir zwischendurch auch ein wenig bequem machen. Immer, wenn dein Hund bei einem Spaziergang schnell (und ich meine wirklich „schnell" und nicht „etwas mehr als schneckenmäßig und eher so mittelgut interessiert") auf dich zugelaufen kommt, gibst du dein Ankersignal dazu und belohnst deinen Hund, wenn er bei dir ist. Je öfter du das tust, desto schneller verknüpft dein Hund den Anker mit dem schnellen Heranlaufen zu dir.
Nutze das aus!

Ablenkung steigern

Und natürlich ist es mit der Steigerung des Abstands nicht getan. Du musst diese Übung auch noch unter ganz vielen verschiedenen Ablenkungen durchführen, damit dein Hund versteht, dass der Rückruf nicht nur gilt, wenn gerade nichts los ist, sondern auch dann, wenn um ihn herum Kinder mit dem Ball spielen oder ein Fasan aus der Ackerfurche geschossen kommt. Das weißt du ja auch schon.

Und es sollte dir mittlerweile auch echt leichtfallen, ein Signal von der Kindergartenstufe bis zum Universitätsabschluss zu bringen. Du schnappst dir einfach wieder deine Belohnungs- und deine Ablenkungsliste und arbeitest genau so, wie du das vom Geschirrgriff und vom UO-Signal her bereits kennst. Vielleicht hast du mittlerweile auch schon ein so geübtes Auge, dass dir zusätzlich zu deinen bisher notierten Ablenkungen im Alltag auch noch hunderte anderer Situationen auffallen, in denen du deinen Hund mal rufen könntest.

Zum Beispiel könntest du das UO-Signal geben, während dir ein Stückchen Salat (und später ein Stückchen Käse) von der Arbeitsplatte in der Küche fällt. Du könntest den doppelten Rückruf (UO-Signal plus Anker) anwenden, wenn der Postbote am Gartenzaun entlang zum Briefkasten geht. Wenn du dich regelrecht auf die Lauer nach neuen Rückruf-Möglichkeiten legst, fallen dir sicher noch ganz, ganz viele Situationen ein, in denen du üben kannst.

DER DOPPELTE RÜCKRUF

 Tipp!

Wenn du mit Ablenkungen übst, bei denen die Gefahr besteht, dass dein Hund gleich nach dem Rückruf wieder hinstürmt (Katze, ballspielende Kinder,...), dann belohne deinen Hund mit Dingen, die er vom Boden aufsammeln kann. Zum Beispiel kannst du ganz viele Gutties werfen, die er verfolgen und suchen darf. So wird sein Blick und damit auch seine Aufmerksamkeit von der Ablenkung weggelenkt und es ist leichter, auch nach der Belohnung die Aufmerksamkeit deines Hundes weiterhin zu halten.

Achtung Falle!

Es gibt eine Sache, die beim Ablenkungstraining noch ganz besonders wichtig ist. Auch wenn dein Hund schon sehr geübt ist und auch schon unter schwerer Ablenkung wunderbar auf deine Signale hört: Achte bitte unbedingt darauf, dass du ihn nicht nur noch dann rufst, wenn gerade ein Reh aufspringt oder der Hundekumpel ums Eck kommt. Wenn du nämlich immer nur rufst, wenn was los ist, lernt dein Hund rasend schnell, dass dein Ruf eine Art Alarmschrei ist und ihm zuverlässig anzeigt, dass er irgendwo anders, aber nicht bei dir, eine Menge Spaß haben könnte. Das erkennst du daran, dass dein Hund nach deinem Rufen oder Pfeifen erst einmal kurz stehenbleibt und in die Runde schaut, um abzuchecken, warum du gerufen hast und was es da jetzt Lustiges zu entdecken gibt.

Das kannst du aber leicht vermeiden, indem du deine Ablenkungsliste nutzt. Übe den Rückruf zwischendurch einfach unter superleichter oder auch unter gar keiner Ablenkung. Rufe deinen Hund immer wieder mal, wenn gar nichts los ist und um euch herum gähnende Leere herrscht. So verhinderst du, dass du zum Schau-da-hinten-ist-Spaß-Anzeiger für deinen Hund wirst und stellst sicher, dass dein Hund nach deinem Rufen dich anpeilt und nicht seine Umgebung. Außerdem erhöhst du auf diese Weise die Motivation deines Hundes, freudig zu dir gerannt zu kommen. Das Training muss nicht permanent schwerer werden. Mach es zwischendurch einfach mal leicht und habt Spaß!

Aufpassen: Lockere Leine!
Achte bei deinem Rufen bitte so oft wie möglich darauf, dass du rufst, während die Leine noch locker ist und nicht erst dann, wenn sie sich schon spannt! Wenn dein Hund an der lockeren Leine auf dein Rufen reagiert, ist der Schritt zum Abruf ohne Leine nicht mehr so groß, als wenn du nur rufst, wenn dein Hund schon in der gespannten Leine steht. Das liegt daran, dass der Hund den Zug auf der Leine genau spürt. Er soll nicht lernen: Ich komme erst, wenn ich merke, dass ich angeleint bin und weiß, dass ich eh nicht weiterlaufen kann. Er soll lernen: Ich komme auf jeden Fall!

DER DOPPELTE RÜCKRUF

Was, wenn er nicht kommt?

Je mehr du unter Ablenkung übst, desto eher kann es passieren, dass dein Hund mal nicht auf dein Rufen reagiert. Auch wenn du die Entfernung zwischen dir und deinem Hund steigerst, kann es passieren, dass er auf dem Weg zu dir doch einmal abbiegt und urplötzlich noch den superinteressanten Rehduft erkunden möchte. Dann musst du wissen, was du tun solltest. Und du weißt ja schon: Ein Rückruf sollte nie ins Leere gehen. Deswegen ist dein Hund im Training ja auch immer angeleint.

Du solltest dir, bevor du etwas unternimmst, aber erst einmal sicher sein, dass dein Hund dein Rufen/deinen Pfiff tatsächlich wahrgenommen hat. Es kann auch hier der Fall sein, dass dein Hund vielleicht nicht (mehr) richtig hören kann oder dass die Umgebungsgeräusche wirklich so stark sind, dass er dich tatsächlich schlicht und einfach nicht gehört hat. Sollte das der Fall sein, brichst du die Übung einfach ab, beseitigst zunächst die Ursache des akustischen Rohrkrepierers und probierst es dann wieder, wenn du die Ursache beseitigt hast.

Sprich: Suche eine ruhigere Umgebung auf. Falls dein Hund nicht mehr gut hören kann, gibt es die Möglichkeit, den Rückruf über ein Vibrationshalsband aufzubauen. Ein Vibrationshalsband ist ein Halsband, das vibriert, wenn du auf einen Knopf drückst.

Achtung: Das schaut von der Optik her so ähnlich aus wie ein (zu Recht) verbotenes Stromreizgerät. Daher kann es gut sein, dass du doof angeredet wirst, wenn du deinem Hund ein solches Halsband anziehst. Außerdem gibt es Hunde, die auf das Vibrieren mit heftigem Erschrecken reagieren. In diesen Fällen solltest du deinen Hund lieber an der langen Leine führen, statt auf Teufel komm raus ein Vibrationshalsband zu benutzen.

Wenn du dir sicher bist, dass dein Hund dein Rufen/deinen Pfiff tatsächlich wahrgenommen hat, wirst du aktiv. Nein, du verhaust deinen Hund jetzt nicht. Mal vom ethischen Aspekt abgesehen (wer seinen Hund schlägt, ist ein Arschloch. Punkt.), ist es auch trainingsmäßig nicht so sinnvoll, denn wenn dein Hund in deiner Nähe etwas Unangenehmes von dir erfährt, wird er sich ohne Leine möglichst schnell außerhalb deiner Reichweite bewegen.

Denke daran: In kontrollierten Trainingssituationen rufst du genau einmal, nicht öfter, damit sich dein Hund gleich daran gewöhnt, auf dein erstes Rufen zu reagieren.

Und jetzt ist es passiert: Du hast gerufen oder gepfiffen und dein Hund folgt nicht. Oder er folgt, biegt dann aber ab, während du dein Ankersignal gibst und läuft nicht weiter in deine Richtung. Dann gehst du wie folgt vor:

1.) Einmal ein- und wieder ausatmen. Dreht er sich doch noch um, gibst du dein Ankersignal. Kommt dein Hund bei dir an, wird er großzügig belohnt. Manchmal braucht es einfach ein, zwei Sekunden, bis dein Hund den Rückruf wahrnimmt und darauf reagieren kann. Wenn ich gerade einen Artikel schreibe und meine Teenager-Töchter rufen „Mamaaaaaaaaa!!! Wo ist (hier bitte eine beliebige, mehr oder weniger lebenswichtige Sache einsetzen)???? Ich brauche den/die/das sofort!", schreibe ich auch erstmal den Satz zu Ende und kümmere mich dann um Teenager-Dinge. Es sei deinem Hund gegönnt, wenn er noch kurz (!) einen letzten Schnupperer nimmt, bevor er sich zu dir herumdreht. Natürlich arbeiten wir daran, dass er dir so schnell wie möglich folgt.

Viele Hundehalter erwarten aber von ihren Hunden völlig unrealistische, nicht umsetzbare Reaktionszeiten, die vielleicht bei der schnellsten Maus von Mexiko möglich sind, aber nicht bei Fiffi, der gerade angestrengt herauszufinden versucht, ob er das Buddelloch, in dem er beschäftigt ist, bis zum Erdkern ausweiten kann.

Ein, zwei Sekunden Zeit, um sich von seiner intensiven Arbeit innerlich und äußerlich zu verabschieden, sollten wir ihm schon geben.

Manchmal braucht der Rückruf etwas Zeit

DER DOPPELTE RÜCKRUF

Leine aufnehmen

Reagiert er gar nicht? Dann ist es Zeit, weiter aktiv zu werden. Du kennst das ja schon vom Geschirrgriff.

2.) Du nimmst die Leine auf Spannung (-> nicht ziehen, nur halten) und bleibst stehen. Nicht um daran herumzurucken, denn das hätte wieder den Effekt, dass sich dein Hund, wenn er mal unangeleint ist, ziemlich schnell von dir entfernen wird.

Du nimmst die Leine einfach auf, dass sie unter Spannung ist, sodass dein Hund nicht mehr weiterlaufen kann. Wenn du einen Hund der Marke Donnerschlag hast, der das Leinenende schon mal gerne übersieht und dann richtig in die Leine reinkracht, empfehle ich, einen Ruckdämpfer zu verwenden. Für die Gesundheit deines Hundes und natürlich auch für deine eigene. Außerdem sorgt der Ruckdämpfer dafür, dass du stehenbleiben kannst, wenn dein Hund in die Leine geht, und nicht noch zwei, drei Schritte mitstolperst und dabei vielleicht sogar aus dem Gleichgewicht kommst.

Also: Leine aufnehmen, stehenbleiben. Du hast gerufen, dein Hund hat nicht reagiert, also geht es für dich nicht mehr weiter. Es gibt nach deinem Rufen nur eine mögliche Richtung: Zu dir.

Sollte dein Hund sich zu dir umwenden, nachdem du die Leine aufgenommen und ihn so gestoppt hast, gibst du dein Ankersignal. Kommt er bei dir an, wird er belohnt. Nicht ganz so dolle, als wenn er sofort reagiert hätte, aber eine etwas kleinere Belohnung darf noch sein.

Sollte er sich nicht zu dir umwenden und weiter seinen wichtigen Geschäften nachgehen, wirst du noch etwas aktiver.

3.) Du hangelst dich an der gespannten Leine zu deinem Hund hin. Das heißt, du nimmst die Leine immer weiter auf, während du dich auf deinen Hund zubewegst. Nicht, um ihn zu bedrohen oder ihm Angst zu machen, sondern damit er dich wieder wahrnimmt und nicht einfach weiterlaufen kann.

Viele Hundehalter laufen einfach weiter weg und erhöhen damit die Entfernung zum Hund. Manche Hunde erschrecken sich dann und kommen angelaufen. Allerdings nutzt sich das Erschrecken sehr schnell ab und dein Hund reagiert nicht mehr darauf. Je weiter du weg bist, desto weniger Einflussmöglichkeiten hast du auf deinen Hund, denn er kann dich besser ausblenden, wenn du weiter weg bist. Daher: Bewege dich auf deinen Hund zu, falls er mal nicht auf dein Rufen reagiert. Bleibe dabei freundlich und beuge dich nicht bedrohlich vor, denn sonst kann es passieren, dass dein Hund versucht, von dir wegzukommen und das ist ja genau das Gegenteil von dem, was du eigentlich möchtest. Wenn du dich auf deinen Hund zubewegst, ist es wichtig, dass du die Leine immer weiter aufnimmst und auf Spannung hältst. So verhinderst du, dass dein Hund einfach weiterlaufen kann.

Wenn du etwas näher kommst, schauen die allermeisten Hunde irgendwann auf, so nach dem Motto: „Oh, ups, dich hatte ich ganz vergessen." Wenn das der Fall ist, lobst du ganz dolle, gibst (wieder) dein Ankersignal und bewegst dich dabei rückwärts. Und zwar so weit, bis ihr beide an dem Punkt angekommen seid, an dem du gerufen hast. Dein Hund befindet sich also jetzt auf jeden Fall dort, wo er eigentlich sein sollte. Auch dafür gibt es wieder eine Belohnung, aber eine noch kleinere Belohnung als wenn er schon auf das Aufnehmen der Leine reagiert hätte.

DER DOPPELTE RÜCKRUF

Geschirrgriff

Schaut dein Hund immer noch nicht, auch wenn du dich schon mit der Leine bis ganz zu ihm herangehangelt hast, gibt es noch einen letzten Versuch.

4.) Du rufst noch ein einziges Mal, während du neben deinem Hund stehst. Diese Übung kennt er ja schon aus dem Training zum UO-Signal. Wenn du nahe bei deinem Hund stehst, kann es gut sein, dass er dich plötzlich wieder wahrnimmt. Sollte das der Fall sein, markerst du das Umdrehen zu dir und gehst dann rückwärts, während du das Ankersignal gibst. Du gehst so weit rückwärts, bis du wieder dort angekommen bist, wo du gerufen hattest. Bist du am Ausgangspunkt angekommen, gibt es wieder eine Belohnung. Diese Belohnung fällt noch kleiner aus, als wenn dein Hund reagiert hätte, während du dich noch auf ihn zubewegt hast.

5.) Und wenn er wirklich gar nicht hört, dann ist es Zeit für den Geschirrgriff. Du weißt ja schon, was jetzt kommt. Du gibst dein „Geschirr"-Signal und greifst deinem Hund ins Geschirr. Wenn er jetzt schaut, markerst und lobst du, während du mit deinem Hund zu dem Platz zurückgehst, an dem du ihn gerufen hast. Auch dann gibt es eine Belohnung, allerdings nur noch eine sehr kleine, vielleicht ein verbales Lob oder ein sehr kleines Stückchen Trockenfutter.

6.) Mache jenseits der schweren Ablenkung nach ein paar Minuten noch eine kleine Rückrufsession und belohne superhochwertig, wenn dein Hund sofort reagiert, damit er den Unterschied zwischen „Keine Reaktion" und „Sofortige Reaktion" im Hirn verankern kann.

Achte darauf: Genau wie beim Geschirrgriff und beim UO-Signal ist es auch hier wichtig, dass du sofort dein Training anpasst, wenn du merkst, dass ein Rückruf nicht funktioniert hat. Überlege dir, woran es gelegen hat:
War die Ablenkung zu groß und du bist im Training mit deiner Ablenkungsliste noch nicht weit genug fortgeschritten? Dann übe in den nächsten Wochen gezielt mit deiner Ablenkungsliste und lass deinen Hund dabei erst einmal an der Schleppleine, damit sich der überhörte Rückruf nicht noch einmal wiederholt.
Wie hast du in den letzten Trainingseinheiten belohnt? Hat sich dein Hund dadurch tatsächlich belohnt gefühlt? Checke nochmal, ob dein Hund mit den von dir gewählten Belohnungen tatsächlich zurechtkommt oder ob du ihm, ohne es zu wollen, beigebracht hast, dass die Welt um dich herum viel interessanter ist als du.
Passe dein Training an und versuche es danach auf jeden Fall noch einmal in der Situation, in der dein Hund beim letzten Mal nicht auf deinen Rückruf reagiert hat.
Wenn es dann klappt: Paaaarttyyyyyy!

Jetzt weißt du, wie du den doppelten Rückruf aufbaust und was du tun musst, falls dein Hund mal nicht auf dein Signal reagiert. Weiter geht's!

Der U-Turn

Den doppelten Rückruf für so ziemlich alle Alltagssituationen hast du nun kennengelernt. Jetzt kommen wir zu einem speziellen Rückruf. Einen, der auch noch dann wirken kann, wenn dein Hund schon so richtig im Hetzmodus ist: Der U-Turn!

Das Besondere beim U-Turn ist: Die Belohnung ist bereits Teil des Signals. Und diese Belohnung hat bei diesem speziellen Signal immer etwas mit Action, Aufregung und Spaß zu tun. Dein Hund weiß genau, was passiert, wenn du dein „Turn!!"-Signal gibst: Action!

Du erinnerst dich, dass wir immer versuchen, den Hund so zu belohnen, dass es seiner Motivation entspricht? Und wenn dein Hund in Hetzlaune ist, kann es gut sein, dass es für ihn überhaupt nicht belohnend ist, wenn du ihm ein Leckerchen ins Maul stopfst. Der will in dem Moment, in dem er dem Hasen hinterherrennt, meistens kein Leckerchen. Der will stattdessen rennen, hetzen, sich auspowern, etwas verfolgen, Action, Spaß. Such dir was aus. Ein Leckerchen, das ihm einfach so zwischen die Kiemen gestopft wird, erfüllt dieses Bedürfnis nicht. Daher benutzen wir in dem Moment, in dem dein Hund hetzen will, Actionbelohnungen. Und diese Actionbelohnungen verbinden wir gleich mit einem Rennspiel vom Hasen weg. Und beides zusammen ergibt den U-Turn.

U-Turn bedeutet also für deinen Hund: „Stopp! Umdrehen! Mit Vollspeed zu Frauchen rennen!!"

Klingt gut, oder? Warum dann nicht gleich den U-Turn für alle Rückrufgelegenheiten nutzen, wo der Hund doch so schnell wird dabei? Ganz einfach: Es ist gar nicht immer notwendig, dass dein Hund völlig aus der Puste ist, wenn er bei dir ankommt, weil er so megaschnell gerannt ist. Im Normalfall reicht es völlig aus, dass dein Hund sich zügig in deine Richtung bewegt, wenn du dein Rückrufsignal benutzt. Wenn du jedes Mal den U-Turn verwendest, nur weil dein Hund sich mal kurz zu dir umdrehen soll, kann es gut sein, dass deinem Hund der U-Turn, der ihm anfangs mega Spaß gemacht hat, irgendwann zum Hals raushängt. Und das möchtest du nicht. Nutze also den U-Turn nur, wenn du weißt, dass deinem Hund gerade so richtig nach Action zumute ist!

DER U-TURN

Verwende Belohnungen, die gut zu sehen sind

Was du dazu brauchst:

Deinen Hund am Geschirr an der Schleppleine samt Ruckdämpfer
Gutties, die so groß sind, dass sie megagut fliegen und dein Hund sie auch noch im Flug sehr gut erkennen kann. Zum Beispiel größere Stückchen Wiener oder Käse.
Wahlweise ein Spielzeug, das dein Hund über alles liebt, das richtig gut fliegt und dessen Flugbahn für dich und deinen Hund auch gut berechenbar ist (nur damit dein Hund keinem Verletzungsrisiko durch plötzliche Flugbahnänderungen ausgesetzt ist). Zum Beispiel ein Ball an einer Schnur. Unregelmäßig geformte Spielzeuge, die unberechenbar durch die Gegend titschen hier bitte nicht verwenden.
Einen Weg, auf dem du gut laufen kannst oder eine andere ebene Fläche.

Suche dir eine passende Umgebung

Und so geht's:

Als Erstes lernst du, wie du deinen Hund durch deine Stimme und deine Körpersprache dazu bringst, sich irre schnell umzudrehen und loszurennen. Danach baust du deine intensive Körpersprache ab, bis dein Hund sich nur auf dein Signal hin superschnell zu dir dreht und mit Vollspeed angelaufen kommt.

Um die Bewegung und den Ablauf des U-Turns erst einmal richtig zu verinnerlichen, ohne dich mit Füßen, Spielzeug, Hund, Leine und so weiter zu verheddern, empfehle ich dir, diese Übung erst einmal ohne Hund durchzuführen.

Du stellst dich auf den Weg und hältst dein Spielzeug oder das gut fliegende Guttie in der Hand. Dann gibst du ein, zwei Mal das Signal „Turn!!" (oder du nutzt dein Pfeifsignal). Einfach so, um mal zu checken, wie sich das für dich anfühlt. Falls du noch einen Freund oder eine Freundin dabei hast, frag doch einfach mal, wie das Signal klingt. Eher wie eingeschlafene Füße oder eher wie ein Versprechen auf „Yeah, wir machen was Cooles!". Übe so lange, bis du die Versprechen-Tonlage drauf hast und du dir sicher bist, dass sich dein Hund von deiner Tonlage mitreißen lässt.

Du kannst richtig mitreißend „Turn!" rufen? Prima, dann ist es Zeit für die Bewegung.

Stell dir vor, du stehst neben deinem Hund und ihr schaut beide in die gleiche Richtung den Weg hinab. Dann gibst du das Signal „Turn!" und drehst dich danach schnell um 180 Grad, machst also einen Halbkreis, sodass du im Vergleich zu vorher in die entgegengesetzte Rich-

Gib das Signal und warte kurz

DER U-TURN

Laufe in die entgegengesetzte Richtung

tung schaust. Lasse zwischen Signal und Halbkreis-Drehung eine ganze Sekunde Zeit. Du rufst also „Turn!" und zählst danach in Gedanken „einundzwanzig". So lange dauer etwa dauert eine Sekunde. Danach erst drehst du dich um.
Nachdem du dich umgedreht hast, rennst du los. Renne etwa fünf bis zehn Meter volle Pulle. Stelle dir vor, dein Hund würde versuchen, dich rennend einzuholen. Nutze die fünf bis zehn Meter, um das Spielzeug/das Guttie in die Hand auf der Seite zu nehmen, auf der du deinen Hund vermuten würdest. Nach fünf bis zehn Metern wirfst du das Spielzeug/das Guttie in deine Laufrichtung, die später auch die Laufrichtung deines Hundes ist. Du wirfst das Spielzeug also so, dass dein Hund, wenn er mit dir laufen würde, noch einmal richtig Gas geben kann, um das Spielzeug/das Guttie zu erjagen. Während du wirfst, kannst du wieder langsamer werden.

Wirf das Spielzeug immer in Laufrichtung

Übe diesen Ablauf einige Male den Weg auf und ab.

Durch das mitreißende Signal und deine Bewegung wird dein Hund getriggert, sich zu dir zu orientieren und mit dir volle Pulle mitzurennen. Vielen Hunden macht das riesengroßen Spaß und sie lassen sich sehr gerne auf dieses Laufspielchen ein. Das gilt erst recht, wenn dann auch noch das Spielzeug/das Guttie fliegt.

Wenn du das rechtzeitig wirfst, sprich „Bevor dein Hund an dir vorbeischießt", muss dein Hund neben dir nicht bremsen und läuft dir nicht in den Weg, sodass ihr gefahrlos richtig schnell rennen könnt. Dein Hund hat auch noch das Jagd-Erlebnis, das er so mal richtig ausleben kann, ohne dass ein Hase oder eine Katze im Spiel ist.

Noch einmal zur Erinnerung. Dies ist der Ablauf:

Turn-Signal – „Einundzwanzig" zählen – Umdrehen – Losrennen – Spielzeug/Guttie werfen

Kannst du den Ablauf mittlerweile im Schlaf absolvieren, ohne über deine eigenen Füße zu stolpern? Prima, dann ist es Zeit, deinen Hund mit ins Boot zu holen.

DER U-TURN

Im Eifer des Gefechts kann es anfangs vorkommen, dass du zu schnell losrennst und nicht genügend auf deinen Hund schaust. Um zu verhindern, dass dein Hund dann einen Leinenruck abbekommt und auf diese Weise das Signal gleich negativ verknüpft, ist es auch hier wichtig, mit Brustgeschirr und einem Ruckdämpfer zu arbeiten.

Leine deinen Hund an einer Schleppleine an, die mindestens fünf Meter lang ist, damit du und dein Hund genügend Freiraum habt. Halte die Schleppleine an der Endschlaufe in der Hand. Die Leine ist nur da, um deinen Hund davon abzuhalten, einem plötzlich auftauchenden Kaninchen hinterherzurennen. Ansonsten bleibt sie einfach locker in der Hand. Wenn du auf einem sicheren Gelände arbeitest, kannst du auch ohne Leine arbeiten.

Damit die Situation für dich anfangs kontrollierbarer ist und du dich besser konzentrieren kannst, empfehle ich, deinen Hund zunächst neben dir sitzen zu lassen, sodass ihr gemeinsam in dieselbe Richtung den Weg entlang schaut. Unnötig zu sagen, dass du zunächst auf einem Weg mit möglichst wenig Ablenkung üben solltest, oder? Mittlerweile bist du ja schon Ablenkungsprofi und weißt, dass du zunächst eine Umgebung zum Üben aussuchen solltest, in der du das Coolste und Interessanteste bist, das dein Hund dort sieht und hört.

Jetzt mit Hund - Signal geben und kurz warten

Dann gibst du wie bisher dein „Turn"-Signal (oder du pfeifst). Achte darauf, dass du wieder diesen Action-Tonfall hast, aber übertreibe es nicht. Schrei deinen Hund nicht an, sondern lade ihn dazu ein, etwas Tolles mit dir zu machen. Wenn du das Gefühl hast, dass dein Hund zusammenzuckt, sobald du rufst oder wenn dein Hund eh eher in die Kategorie „sensibel" fällt, ist weniger vielleicht mehr. Passe die Intensität deiner Stimme und deiner Bewegungen deinem Hund an.

Nachdem du das „Turn"-Signal gegeben hast, zählst du in Gedanken wieder „einundzwanzig". Vermutlich wird dein Hund ziemlich verdutzt zu dir schauen, um herauszufinden, was du von ihm möchtest. Es ist ja sonst nicht viel los drumherum und von dir kommt eine stimmliche Einladung, etwas gemeinsam zu machen.

Falls dein Hund dich gar nicht anschaut, solltest du deine Körpersprache überprüfen. Beugst du dich vielleicht vor und wirkst auf diese Weise für deinen Hund bedrohlich? Stelle dich freundlich einladend, vielleicht etwas seitlich gedreht, neben deinen Hund. Du kannst ihn bei den allerersten Versuchen auch ein wenig locken, wenn es nicht anders geht. Du könntest zum Beispiel mit dem Spielzeug quietschen oder mit Spielzeug oder Guttie vor seiner Nase herumwedeln. Mache das aber nicht zu oft, damit das Locken für deinen Hund nicht zu einem Teil deines Turn-Signals wird und er irgendwann erst darauf wartet, dass du lockst, bevor er sich zu dir herumdreht.

Sobald dein Hund zu dir schaut, drehst du dich flott um und machst den ersten Laufschritt. Wichtig: Du drehst dich um dich selbst und rennst nicht vor deinen Hund! Es geht nicht darum, so in deinen Hund rein oder um ihn herum zu laufen, dass du ihn mit deinem Körper in die von dir gewünschte Richtung schubst!

Du setzt durch deine Körpersprache eine Einladung, dir zu folgen! Du bewegst dich also vom Hund weg und nicht auf ihn zu. Wenn dein Hund seine erste Verwirrung überwunden hat, ist die Wahrscheinlichkeit ziemlich groß, dass er aufspringt und dir folgt. Wenn er das tut, feuere ihn richtig an!

Du kannst „Super! Weiter so!" rufen oder etwas anderes, das deinen Hund dazu bringt, dir zu folgen und das Tempo beizubehalten. Denke daran, dass du beim Laufen das Spielzeug/Guttie in die Hand auf der Seite nimmst, auf der sich dein Hund befindet. Das ist notwendig, damit dein Hund sieht, dass du gleich

DER U-TURN

etwas wirfst. Würdest du mit dem von deinem Hund abgewandten Arm werfen, passiert es schnell, dass dein Hund gar nicht mitkriegt, dass du etwas zum Erjagen geworfen hast. Und das mindert natürlich den Action-Effekt. Also: Nimm das Spielzeug/Guttie beim Laufen in die Hand auf der Seite, auf der sich dein Hund befindet.

Nach fünf bis zehn Metern ist es dann so weit. Du zeigst deinem Hund das Spielzeug/Guttie im Laufen ganz deutlich. Wenn du ein Quietschespielzeug hast, kannst du damit auch mal quietschen. Bewährt hat sich auch, den Blickkontakt vom Hund zu lösen und selbst das Spielzeug/Guttie anzuschauen. Auf diese Weise löst dein Hund den Blickkontakt von dir und schaut auch zum Spielzeug. Das hilft ihm, besser wahrzunehmen, dass du gleich etwas wirfst.

Und dann holst du mit großen Bewegungen, die dein Hund gut verfolgen kann, aus und wirfst dann Spielzeug oder Guttie in die Laufrichtung deines Hundes oder kullerst es über den Boden. Achte darauf, dass du so weit wirfst, dass dein Hund nicht bremsen muss, sondern sogar noch einmal richtig Gas geben kann, um das Guttie oder Spielzeug zu erwischen.

Wenn du dir sicher bist, dass dein Hund dem Spielzeug/Guttie hinterher hetzt, kannst du hier auch die Schleppleine loslassen (auf sicherem Gelände ist er eh ohne Leine), damit dein Hund auf gar keinen Fall einen Ruck bekommt, wenn er das Spielzeug/Guttie jagt. Wenn du die Leine nicht loslassen möchtest, ist es wichtig, dass du das Spielzeug/Gutties nur ein paar Meter über den Boden

Gemeinsam rennen

kullerst und gemeinsam mit deinem Hund in Richtung der Jagdbeute rennst, damit er nicht geruckt wird.

Sobald du entweder merkst, dass bei deinem Hund jetzt die Luft raus ist oder dein Hund bei dieser Art der Belohnung etwas überzuschnappen droht, beendest du die Belohnung mit etwas Ruhigem. Du könntest zum Beispiel eine ganze Handvoll Gutties auf den Boden oder auf eine Wiese werfen und sie gemeinsam mit deinem Hund suchen. Oder du lässt das Zerrspiel immer ruhiger werden, hältst nicht mehr dagegen, lässt deinen Hund mit dem Spielzeug eine Weile alleine spielen und steckst das Spielzeug ganz am Schluss wieder ein, wenn es für deinen Hund uninteressanter geworden ist.

Entspanne deinen Hund mit einem Suchspiel

Dieses Runterfahren ist wichtig! Solltest du deinen Hund nach dieser Action-Belohnung nicht mehr runterfahren, kann es passieren, dass dein Hund beim weiteren Spaziergang total aufgeregt ist, an der Leine zieht und dann auf Bewegungen oder Rascheln im Gebüsch viel heftiger reagiert, als er sonst reagieren würde. Wir nutzen diese Art der Action-Belohnung, weil sie bei vielen Hunden wahnsinnig beliebt ist und die Rückrufquote in Hetzsequenzen damit viel höher ist als ohne Action-Belohnung. Das heißt aber nicht, dass dein Hund ab sofort in einem hohen Erregungsmodus spazieren gehen soll. Das würde den Spaziergang wirklich ungemütlich machen. Achte daher bitte unbedingt dar-

In Laufrichtung werfen

DER U-TURN

auf, dass dein Hund nach der Aufregung auch wieder runterfahren kann.
Geht nach dem Runterfahren gemeinsam ein wenig spazieren und entspannt noch weiter. Wenn ihr beide wieder richtig entspannt seid, kannst du eine weitere Trainingsrunde einlegen und das „Turn"-Signal noch einmal wiederholen.

Steigern

Bisher hast du die Übung so gestaltet, dass dein Hund neben dir sitzt und du dann dein Turn-Signal gibst. Beim Spaziergang wird es aber eher selten vorkommen, dass dein Hund sitzt, während du rufst. Wahrscheinlicher ist, dass du im Ernstfall das Signal gibst, während dein Hund schon losschießt und die Nachbarskatze vermöbeln will.
Daher ist es natürlich wichtig, dass du dein Training dem Ernstfall Schrittchen für Schrittchen immer ähnlicher werden lässt.
Du beginnst damit, dass du deinen Hund zu Beginn der Übung nicht mehr absitzen lässt. Achte immer noch auf eine ablenkungsarme Umgebung, lasse deinen Hund sich aber bewegen. Ihr könnt zum Beispiel zwei, drei Schritte gemeinsam gehen und dann gibst du dein Turn-Signal. Denk an die dicke Party, wenn dein Hund dir folgt und mit dir rennt.
Als Nächstes baust du mehr Abstand zu deinem Hund auf. Das kennst du ja schon von deinem doppelten Rückruf. Lasse deinen Hund eine kleine Ablenkung wahrnehmen und sich dort annähern oder du entfernst dich ein wenig von deinem Hund, während er irgendwo halbherzig schnüffelt und gibst dann dein Turn-Signal.

> **Wichtig:**
> Achte darauf, dass du das Signal nicht verwendest, wenn du merkst, dass deinem Hund so gar nicht nach Laufen und Action zumute ist. Hat es draußen 30 Grad und dein Hund schlurft mit hängender Zunge neben dir her, ist es eher Zeit, das kühle Haus aufzusuchen, statt deinen Hund noch durch wilde Spiele zu nerven. Denke immer an die richtigen Trainingsbedingungen.

Entfernung zum Hund erhöhen

Als Drittes baust du deine eigene Rennstrecke ab. Es ist nicht notwendig, dass du jedes Mal fünf bis zehn Meter läufst, nachdem du das Turn-Signal gegeben hast.

Ist dein Hund weit genug weg, damit er richtig Gas geben kann und du genügend Zeit hast, dein Spielzeug/Guttie zu sortieren, musst du nicht mehr rennen. Es reicht dann aus, dass du Spielzeug/Guttie in die Laufrichtung deines Hundes wirfst, sodass dein Hund seine Beute erjagen kann. Es schadet aber auch nicht, wenn du dein Rennen beibehältst. Vielen Hunden macht das Laufen mit ihrer Bezugsperson so großen Spaß, dass es für sie ein wunderbarer Teil der Rennbelohnung ist. Wenn das gemeinsame Rennen für deinen Hund mit zum Spaß gehört, es für dich nicht allzu nervig ist und die Umgebung ein gemeinsames Laufspiel hergibt, dann nur zu! Habt gemeinsam Spaß!

Beim weiteren Training hilft dir wieder deine Ablenkungsliste. Wo und wann kannst du das Turn-Signal immer wieder neu in den Alltag einbauen? Denke daran: Wenn du in völlig neuen Situationen übst, kannst es sein, dass dein Hund beim ersten Mal nicht sofort reagiert, weil er überrascht ist.

Gib ihm dann ein, zwei Sekunden Zeit, sich zu sammeln und dir zu folgen. Mach es wieder leichter, indem du dich deinem Hund wieder etwas annäherst und/oder deine Körpersprache wieder deutlich machst. Baue von da aus dein Signal wieder auf, sodass dein Hund beim nächsten Mal weniger überrascht ist und mehr Routine bekommt. Achte aber auch mit der Ablenkungsliste darauf, dass du deinen Hund im Training mit dem Turn-Signal nur rufst, wenn ihm auch wirklich nach Action und Rennen ist und nicht dann, wenn er darauf eigentlich überhaupt keinen Bock hat.

DER U-TURN

Und was ist, wenn er auf das Signal mal nicht reagiert?

Wenn du bis hierhin gelesen hast, dann weißt du ja eigentlich schon, was du tun kannst:
Stehenbleiben, Leine vorsichtig aufnehmen und halten, an gespannter Leine annähern und wenn alles nichts hilft: Geschirrgriff. Das kennst du ja schon.
Und auch hier stellt sich dann natürlich die Frage: Warum ist dein Signal in diesem Moment nicht bei deinem Hund angekommen? Warum hat er nicht reagiert?
Hast du ihn vielleicht zu oft in Situationen mit dem U-Turn gerufen, in denen ihm eigentlich nicht nach Rennen und Action zumute war und ist er deswegen von diesem Signal jetzt so richtig genervt? War deine Renn-Belohnung in dem Moment, in dem du gerufen hast, wirklich passend? War die Ablenkung zu groß? Und immer wieder die gleiche Frage: Hast du den U-Turn nach dem ersten Aufbau vielleicht nur noch in Situationen genutzt, in denen gerade das Eichhörnchen vom Baum runter und direkt vor deinen Hund gehüpft ist? Du weißt ja: Wenn du nur noch rufst, wenn wirklich was los ist, übst du einen Schlachtruf und keinen Rückruf.
Also: Wenn was schiefgegangen ist, dann überprüfe dein Training, passe es entsprechend an und sorge dafür, dass die nächsten zwanzig Rückrufe unter kontrollierten Bedingungen wieder richtig gut funktionieren, sodass die eine doofe Situation schnell vergessen ist!
Du baust also den U-Turn genau so auf, wie du es bereits vom Geschirrgriff und vom doppelten Rückruf her kennst. Das sollte dir jetzt schon richtig leichtfallen.

Offline

Wenn du deinem Hund den Geschirrgriff, den doppelten Rückruf und auch den U-Turn so beigebracht hast, dass jedes Werkzeug locker unter mittlerer Ablenkung funktioniert und du auch schon die ersten Vorstöße in Richtung schwere Ablenkung erfolgreich praktiziert hast, ist es an der Zeit, die Schleppleine abzubauen. Schließlich geht es beim Rückruftraining ja gerade darum, den Hund so kontrollieren zu können, dass er auch offline (sprich: „ohne Leine", ja, das ist ein Wortwitz, wenn auch ein ziemlich flacher...) laufen kann.

Das Problem an der Sache ist: Viele Hunde wissen sehr schnell, wann sie angeleint sind und wann nicht. Und ohne Leine sind sie weg und mit Leine nicht. Das hast du deinem Hund im Zweifel auch sehr gut beigebracht. Bei den meisten Hunden bedeutet das Klicken des Karabiners, dass jetzt Freilauf angesagt ist. Viele Leute gehen dann auch noch hin und feuern ihren Hund nach dem Ableinen an, jetzt doch endlich loszurennen, um zum Beispiel den Hundekumpel zu begrüßen. Der Hund lernt also: Karabinerklicken mit oder ohne Aufforderung zum Losrennen = Weg!

Zusätzlich neigen sehr viele Hundehalter dazu, ihren Hund immer erst dann zu rufen, wenn er schon in der Leine hängt und nicht, solange die Leine noch locker ist. Der Hund lernt in diesem Fall, dass zu einem Rückrufsignal auch immer die gespannte Leine mit dazugehört. Im Kapitel zum doppelten Rückruf hast du ja schon gelernt, dass du im Training darauf achten solltest, dass du immer rufst, wenn die Leine noch locker ist, damit der Sprung zum Offline-Training nicht mehr so groß ist.

Das Offline-Training erfolgt in mehreren Schritten:

So halb - Zunächst hältst du im Training die Leine immer noch in der Hand, lässt aber den Mittelteil auf dem Boden schleifen, sodass sich dein Hund an das Schleifen der Leine am Boden gewöhnt.

Fast ganz - Im nächsten Schritt lässt du die Leine ganz am Boden schleifen, ohne sie in der Hand zu halten.

Ganz - Im dritten Schritt bringst du deinem Hund bei, dass das Karabinerklicken nicht mehr „Yeah, Freilauf!" bedeutet, sondern „Yeah, Spaß mit Frauchen/Herrchen!", damit das leidige „Leine ab – Hund weg" ein Ende hat und dein Hund nach dem Ableinen mit einem Teil seiner Aufmerksamkeit bei dir bleibt.

Das kennst du ja eigentlich noch aus dem bisherigen Training. Da hattest du deinen Hund ja immer noch an der Leine. Ein Ende der Leine hattest du immer noch in der Hand und der Rest, der Mittelteil der Leine, schleifte über den Boden. So hast du (hoffentlich) gelernt, nach Möglichkeit rechtzeitig zu rufen, während die Leine noch locker ist und nicht erst, wenn dein Hund schon in der Leine hängt, damit dein Hund nicht lernt, nur auf deinen Rückruf zu folgen, wenn er merkt, dass er nicht mehr weiterkommt, weil sich die Leine spannt. So weit also nichts Neues.

Jetzt gehst du aber hin und übst noch einmal ganz, ganz bewusst, dein Training mit lockerer, im Mittelteil am Boden schleifender Schleppleine. Geh noch einmal alle Übungen durch. Geschirrgriff, doppelter Rückruf, U-Turn. Funktionieren sie alle unter mittlerer Ablenkung, ohne dass sich die Leine deines Hundes spannt, weil er unbedingt zur Ablenkung hin möchte? Falls nein, ist es noch zu früh, um mit am Boden schleifender Leine zu üben. Geh deinen Trainingsplan mit Ablenkungs- und Belohnungsliste noch einmal durch und schau, wo es hakt.

Hast du noch nicht oft genug unter leichter Ablenkung geübt? Nutzt du wirklich passende Belohnungen? Nervst du deinen Hund beim Spaziergang mit ständigem Rückruftraining?

Mache dir eine Liste mit zwanzig bis dreißig verschiedenen Situationen, in denen du deinen Hund unter mittlerer Ablenkung ansprichst. Entweder mit dem Geschirrgriff, mit dem doppelten Rückruf oder mit dem U-Turn.

In dieser Liste sollten mindestens stehen:

- Fünf verschiedene Orte (Beispiele: Garten, Wald, Feldweg, Stadt, Straßenverkehr)
- Fünf verschiedene Tageszeiten
- Fünf verschiedene Bewegungsablenkungen (Beispiele: ballspielende Kinder, rennende Katze, Jogger, Fahrräder, spielende Hunde)
- Fünf verschiedene Geruchsablenkungen (Beispiele: Wildduft, Käse, Leberkäs, Hundehaufen, Katzenkacke)
- Fünf verschiedene Wetterbedingungen (Beispiele: Sonne, Wind, Kälte, Regen, Schnee)

Wenn deine Liste fertig ist, suchst du diese Ablenkungssituationen bewusst auf. Oder du stellst sie, indem du zum Beispiel deinen Nachbarn bittest, einmal am Zaun entlang zu laufen oder indem du die Nachbarskinder mit einem Eis bestichst und sie bittest, auf ihrem Grundstück zwei, drei Mal einen Ball hin und her zu werfen.

Und natürlich weißt du auch schon, bevor du rufst, wie dein Hund in dieser Situation passend belohnt wird. Das hast du ja mittlerweile schon superoft geübt und es sollte dir jetzt nicht mehr schwerfallen, ohne Anstrengung und Hirnschmalz die passende Belohnung für deinen Hund zu finden.

Und jedes Mal, wenn ein Signal beim ersten Mal so funktioniert hat, dass dein Hund ohne länger als eine Sekunde zu zögern (denke einfach daran, dass dein Hund manchmal überrascht ist von deinem Signal und sich erst kurz sammeln darf) sofort darauf reagiert, ohne dass sich die Leine spannt, hakst du einen Punkt in deiner Liste ab.

In dem Moment, in dem dein Signal bei 18 von 20 Versuchen sofort funktioniert hat, ist es an der Zeit, einen Schritt weiter zu gehen.

Fast ganz – Die Leine schleift am Boden

Du hast tolle Vorarbeit geleistet. Dein Hund hat in 18 von 20 Trainingsversuchen unter mittlerer Ablenkung sofort reagiert, ohne dass er trotz der mittleren Ablenkung in die Leine gerannt ist! Gut gemacht!

Jetzt ist es jetzt an der Zeit, die Leine nicht mehr in der Hand zu halten. Brrr, fühlt sich komisch an, oder? Bisher hattest du immer noch Leinenkontrolle über deinen Hund. Jetzt fällt die Kontrolle durch die Leine weg und du wirst ziemlich schnell merken ob du dein Training in den letzten Wochen wirklich sinnvoll und erfolgreich gestaltet hast. Falls du dir unsicher bist, übe lieber auf sicherem Gelände.

Falls nicht: Leine am Boden – kleine Ablenkung – Hund weg!

Falls doch: Leine am Boden – mittlere Ablenkung – Rückruf - Hund kehrt sofort zu dir um!

> Wichtig:
> Im Moment ist die Leine nur am Boden, wenn du übst. Wenn dir nicht nach Training ist, du den Kopf nicht frei hast, es eilig hast, in ungeeigneter Umgebung unterwegs bist oder du dich noch nicht so wirklich traust, hältst du die Leine weiter in der Hand. Sie schleift also nicht immer am Boden, sondern nur dann, wenn du üben möchtest.

Übe mit schleifender Schleppleine

Und dann fertigst du wieder eine Liste an mit zwanzig bis dreißig Ablenkungen. Du kannst dieses Mal auch leichte Ablenkungen und mittlere Ablenkungen mischen. Dann hast du mehr Auswahl. Achte aber darauf, dass du dich nicht selbst beschummelst und nur Ablenkungen aufschreibst, bei denen du weißt, dass dein Hund gut reagiert. Mach's dir nicht einfach, sondern mische Ablenkungen, bei denen du nicht wirklich zu hundert Prozent sicher bist, ob dein Hund wirklich folgt, mit superleichten Ablenkungen, bei denen du absolut sicher bist, dass dein Hund auf dich reagiert. Und dann legst du wieder los. Du suchst die Situationen auf, in denen dein Hund so mittelgut abgelenkt ist. Und dann ziehst du wieder dein Rückruf-Programm durch und übst deine bisherigen Signale unter dieser Ablenkung und belohnst deinen Hund richtig gut und passend, wenn er das Signal durchführt. Das sollte ja mittlerweile eure leichteste Übung sein.

Sollte es dann passieren, dass dein Hund nicht gleich auf dein Rückrufsignal folgt, nimmst du die am Boden schleifende Leine auf und führst die Schritte durch, die du ja schon kennst:

Leine halten, ohne zu rucken – dem Hund annähern – Geschirrgriff, falls notwendig – gemeinsam zurück zum Ausgangspunkt Du kennst das.

Wenn's schief geht

Blöd ist's, wenn du die Schleppleine nicht mehr erwischst, bevor dein Hund uneinholbar durchgestartet ist. In diesem Fall: Bitte ruhig Blut bewahren. Seit Wochen machst du kaum etwas anderes als Rückruftraining. Dein Hund reagiert viel besser auf dich als bisher. Das heißt, die Wahrscheinlichkeit ist ziemlich groß, dass dein Hund viel schneller wieder da ist als bisher.

Atme einmal tief durch. Ist der erste Schwung deines Hundes schon durch und wirkt er wieder ansprechbarer? Dann versuche noch einmal, ihn zu rufen und zwar mit dem Rückruf, der in den letzten Tagen am häufigsten trainiert wurde und deshalb am besten funktioniert. Wenn der Geschirrgriff bei euch richtig gut sitzt, kannst du jetzt statt eines Rückrufs auch den das Signal für den Geschirrgriff verwenden. Hast du den richtig aufgebaut, besteht eine sehr große Chance, dass dein Hund langsamer wird und im besten Fall sogar stehenbleibt und auf deine Hand im Geschirr wartet, wenn er das Geschirr-Signal hört. Schließlich habt ihr das bis zu Erbrechen geübt.

> Für manche Hunde ist es leichter, einfach stehen zu bleiben, als sich zu ihrer Bezugsperson herum zu drehen. Wenn sie „nur" stehenbleiben, können sie der Ablenkung noch hinterherschauen. Wenn sie umdrehen müssen, ist der Spaß direkt vorbei. Was besser im Notfall besser funktioniert, Rückruf oder „Stopp" per Geschirrgriff, merkst du im Training ja schnell. Das hängt absolut davon ab, welcher Typ dein Hund ist. Wenn er lieber rennt, passt der Rückruf besser. Wenn er lieber stehenbleibt und guckt, passt das Geschirrgriff-Stoppen besser.

Ist dein Hund mit schleppender Leine auf dem Weg zur Ablenkung und du kannst ihn nicht mehr erwischen, dann gibst du alles. Zuerst versuchst du den Rückruf, dann den Geschirrgriff. Klappt gar nichts, bleibt dir nichts anderes übrig, als entweder zu warten, bis dein Hund wieder in deine Nähe kommt und du die Schleppleine aufnehmen kannst oder dich deinem Hund anzunähern, um die Schleppleine wieder aufzunehmen.

Was besser klappt, hängt schwer davon ab, wie du bisher trainiert hast. Kennt dich dein Hund im Falle seines Ungehorsams nur als Berserker, der wütend und schreiend auf ihn zugelaufen kommt und von dem ziemlich sicher ziemlich viel Ärger ausgeht, wirst du dich deinem Hund eventuell gar nicht annähern können, ohne dass er versucht, sich dir zu entziehen. In diesem Fall kannst du wirklich nichts anderes tun, als auf deinen Hund zu warten. Doof gelaufen, im wahrsten Sinne des Wortes.

Hast du bisher sehr nett gearbeitet und weiß dein Hund, dass es von dir eigentlich nur Gutes zu erwarten gibt, kannst du versuchen, dich deinem Hund anzunähern, ihn anzusprechen und ihn so richtig irre anzufeuern, sobald er sich auch nur einen Zentimeter in deine Richtung bewegt. Hat er bisher immer Spaß bei dir gehabt, stehen die Chancen gar nicht schlecht, dass du dich ihm locker und ohne große Schwierigkeiten annähern und die Schleppleine aufnehmen kannst.

Wie auch immer du deinen Hund wieder eingefangen hast: Jetzt ist erst einmal tiefes Durchatmen angesagt. Schrei nicht rum oder schimpfe mit deinem Hund, sonst besteht die Wahrscheinlichkeit, dass er beim nächsten Mal einfach einen längeren Ausflug macht. Rede ruhig und freundlich mit ihm, schnauft beide durch und entspanne erst einmal.

Du kannst dir ja sicher denken, was jetzt kommt:

Logisch! Du gehst deine Ablenkungs- und deine Belohnungsliste noch einmal durch. Was ist in den letzten Tagen schiefgelaufen im Training? Hat dein Hund Spaß beim Rückruftraining gehabt? Waren die Belohnungen wirklich bedürfnisbefriedigend und motivierend? Bist du in Sachen Ablenkungen zu schnell vorangegangen?

Optimiere deinen Trainingsplan, mach die Abrufsituationen vorübergehend

wieder etwas einfacher und halte deinen Hund wieder an der Leine, bis du so weit bist, dass du genau diese Situation, die beim letzten Mal schiefgelaufen ist, noch einmal übst. Und zwar erst einmal mit angeleintem Hund. Und wenn du es dann schaffst, deinen Hund abzurufen, ohne dass er in die Leine springt, lässt du die Leine beim nächsten Mal wieder am Boden schleppen, bleibst aber so nah bei deinem Hund, dass du die Leine locker aufnehmen kannst, wenn du merkst, dass dein Hund durchstarten möchte. Mach denselben Fehler nicht immer wieder, sondern arbeite so, dass du einen Fehler so schnell wie möglich wieder ausbügeln kannst. Und dazu gehört eben auch, zuerst das Training zu verändern und erst danach den Rückruf in derselben, beim letzten Mal misslungenen Situationen noch einmal durchzuführen.

Wenns gut klappt, hältst du in Zukunft wieder etwas mehr Abstand zu deinem Hund. Wahlweise kannst du auch die Schleppleine nach und nach einkürzen (falls du eine alte Leine am Hund hast, die du gut kürzen kannst und magst). So wird die Leine am Hund immer leichter und der Spaziergang ähnelt immer weiter dem Freilauf. Wenn du aber eine neue Leine verwendest und die nicht kürzen magst, ist das auch okay. Dann hältst du beim Abruf nach und nach immer mehr Abstand zu deinem Hund und gehst gleich zum nächsten Schritt, dem Ableinritual, über.

Zum nächsten Schritt, dem Ableinritual mit Freilauf, gehst du über, wenn dein Hund bei den Ablenkungen auf deiner Liste sich 18 von 20 Mal abrufen lässt UND du mindestens fünf Mal in plötzlich auftretenden, auch für dich unerwarteten Situationen erfolgreich unter schwerer Ablenkung den Rückruf praktiziert hast und zwar so rechtzeitig, dass dein Hund die Ablenkung zwar wahrgenommen hat, aber noch nicht losgestartet war. Egal, ob bei lockerer Leine oder bei Schleppleine am Boden. Beispiel: Abrufen vom Best Buddy. Abrufen von der rennenden Katze. Und natürlich die Kür: Abrufen vom Hasen. Nach so viel Training sollte sich dein Hund in diesen Situationen zumindest dann zu dir orientieren, wenn er locker angeleint ist. Das klappt noch nicht so richtig? Dann ist noch kein Freilauf möglich und du musst zunächst weiterüben, bevor du den nächsten Schritt machen kannst.

Du siehst: Rückruf ist keine Glückssache, sondern hat eine ganze Menge mit systematischem Training zu tun!

Ganz – Leine ab

In den letzten Wochen oder vielleicht sogar schon Monaten hast du ganz systematisch am Rückruf und am Geschirrgriff gearbeitet. Dein Hund lässt sich unter mittlerer Ablenkung bei schleppender Schleppleine locker abrufen und du hast ihn sogar schon von einigen richtig schweren Ablenkungen abrufen können?

Prima! Dann ist es jetzt an der Zeit, die Leine ganz vom Geschirr zu lösen.

Das Problem bei der Sache: Wie du ja schon gelesen hast und vielleicht aus eigener Erfahrung weißt, verbinden viele Hunde das Karabiner-vom-Geschirr-Lösen als Aufforderung zum Losstürmen und Weglaufen. Natürlich könntest du dich entspannt zurücklehnen und dir sagen: „Is mir wurscht. Wenn er wegläuft, kann ich ihn ja zurückrufen." Jo, da hast du recht. Könntest du. Das Problem ist, dass dein Hund das Karabinerklicken aber nicht nur als Aufforderung zum Losstürmen, sondern als Aufforderung zum sehr aufgeregten Losstürmen ansieht. Und Aufregung ist nicht selten ein Grund für unerwünschte Verhaltensweisen. Ein aufgeregter Hund stürmt dem Kaninchen schneller hinterher als ein Hund, der total gechillt ist. Ein aufgeregter Hund ist schneller in Konflikte mit anderen Hunden verwickelt als einer, der zum Beispiel das Gebell anderer Hunde komplett an sich abtropfen lässt. Und ein aufgeregter Hund ist schlechter abrufbar, weil sein Gehirn mit so vielen Dingen beschäftigt ist, dass dein Rückruf eventuell nicht so leicht durchdringt wie in den Momenten, in denen dein Hund entspannter ist.

Es spricht also eine Menge dafür (und nix dagegen), das Ableinen deines Hundes ein wenig zu ent-aufregen. Anstatt direkt loszuspurten und zu schauen, was die Welt so zu bieten hat, bringst du deinem Hund bei, sich nach dem Ableinen erst einmal zu dir zu wenden und nicht gleich zu verschwinden. Dafür übst du ein Ablein-Ritual ein.

Wenn du einen Hund hast, dem es völlig egal ist, ob er angeleint ist oder nicht und der keinen Deut schneller wird, sobald du die Leine löst, brauchst du diese Übung nicht. Hast du aber einen Hund, der nach dem Ableinen erst einmal Gas gibt, macht es Sinn, ihm beizubringen, erst einmal gerne bei dir zu bleiben. Das ist dann der perfekte, ruhige, unaufgeregte Start in den Freilauf.

Entspannt ohne Leine

Und so geht's:

Der erste Schritt:
„Ableinen" plus Karabinerclicken = ruhige Belohnung

Zunächst überlegst du dir, welche ruhigen Belohnungen zu dieser Übung und zu deinem Hund passen könnten. Du möchtest hier einen Hund, der ruhig und gelassen reagiert. Mache bei dieser Übung bitte keine wilden Ballspiele, sondern suche andere Belohnungsmöglichkeiten, wie zum Beispiel Futterbelohnungen.

Im ersten Schritt zeigst du deinem Hund, dass das Ableinen ab sofort bedeutet, dass es bei dir etwas Gutes gibt. Allerdings leinst du deinen Hund in diesem ersten Schritt noch nicht ab. Du stellst dich neben deinen Hund und sagst „Ableinen". Dieses Signal (oder ein beliebiges anderes, das dir besser von den Lippen geht) sagst du ab sofort immer, bevor du deinen Hund ableinst, damit er weiß, was du als Nächstes von ihm möchtest.

Nachdem du das Signal „Ableinen" gegeben hast, wartest du eine Sekunde. Diese Sekunde hilft deinem Hund in Zukunft, sich auf das Ableinen einzustellen und zum Beispiel stehen zu bleiben und dir den Rücken so zuzuwenden, dass du besser an den Karabiner greifen kannst.

Diese Art Vorwarnung ist sehr praktisch, da der Hund die Gelegenheit bekommt, aktiv mitzuarbeiten, statt zum Beispiel von dir aus dem Gleichgewicht gebracht zu werden, indem du an der Leine ziehst, um an den Karabiner zu gelangen.

Nachdem du eine Sekunde gewartet hast, fasst du an den Karabiner und lässt ihn klicken. Du ziehst also den Verschluss vom Karabiner etwas auf und lässt ihn zurückflitschen, so als würdest du ableinen.

Aber: Du leinst nicht ab. Der Karabiner bleibt in diesem ersten Übungsschritt noch am Hund. Du lässt ihn einfach nach dem Flitschen wieder los. Der Grund: Wenn dein Hund bisher gelernt hat, dass das Karabinerklicken bedeutet, ganz schnell los zu sausen, wird er das auch jetzt versuchen. Und wenn er das tut, hast du keine Chance mehr, mit ihm das Dableiben zu üben. Deswegen bitte in diesem ersten Schritt den Karabiner noch nicht lösen.

Nachdem du den Karabiner wieder losgelassen hast, belohnt du deinen Hund. Einfach so. Ganz egal, was er getan hat, als der Karabiner geklickt hat. Du möchtest einfach eine Verknüpfung zwischen: Karabiner klickt – Belohnung bei Frauchen/Herrchen. Zur Belohnung kannst du zum Beispiel eine Handvoll Futter

Karabiner klicken lassen

auf den Boden werfen, das dein Hund suchen darf. Das hat den Vorteil, dass er dabei den Kopf runternimmt. Und wer den Kopf runternimmt, hat keine so große Tendenz, nach vorne zu stürmen.

Denke daran, dass du ruhige Belohnungen verwendest und keine wilden Ballspiele machst. Wir wollen bei dieser Übung etwas Ruhe reinbringen und kein Adrenalin ausschütten. Wenn er nach dem Klicken versucht, einfach los zu düsen, hältst du die Leine fest und belohnst ihn trotzdem. Bei einem weiteren Versuch bist du dann aber mit deiner Belohnung nach dem Klicken so schnell, dass dein Hund keine Anstalten mehr macht, einfach loszurennen.

Wiederhole diese Übung, bis du merkst, dass dein Hund nach dem Karabinerklicken wirklich stehenbleibt und sich dir im besten Fall sogar schon zuwendet, weil er eine Belohnung erwartet. Das Stehenbleiben und den Blickkontakt zu dir kannst du auch mit dem Marker (Clicker/verbaler Marker/Lobwort) unterstützen, wenn du möchtest. Dann clickst/markerst/lobst du dann, wenn dein Hund mit allen vier Beine ruhig stehenbleibt, sobald du „Ableinen" sagst.

Wenn dein Hund schon so weit ist, dass er nicht nur stehenbleibt, sondern auch zu dir schaut, clickst/markerst/lobst du nicht einfach fürs Stehenbleiben, sondern fängst den Blickkontakt ein und belohnst jeweils erst nach dem Click/Marker/Lob. Wenn du aber merkst, dass du mit Karabinerklicken, Clicker, Belohnung, Leine, Hund durcheinanderkommst, dann lass den Marker hier einfach weg.

Der Marker hilft dem Hund, schneller und besser zu verstehen, was du von ihm möchtest. Wenn es allerdings Kuddelmuddel gibt, wenn du den Marker auch noch mit dazu nimmst, dann ist es besser, wenn du ihn weglässt, weil er den Hund dann eher verwirren als helfen könnte. Die Übung funktioniert auch ohne.

Führe diese Übung im Stand mindestens zwei Mal durch mit jeweils fünf Einheiten. Nach der letzten Einheit machst du

die Probe:
Du gibst das Signal „Ableinen" und fasst danach an den Karabiner und lässt ihn flitschen, ohne deinen Hund abzuleinen und ohne sofort zu belohnen. Bleibt er stehen und dreht sich zu dir herum, weil er eine Belohnung erwartet? Prima! Belohnen! Dann gehst du einen Schritt weiter und übst mit deiner Ablenkungsliste, bis das ruhige Stehenbleiben beim Karabinergeräusch auch unter mittlerer Ablenkung funktioniert. Falls das noch nicht klappt und dein Hund nach dem Karabinerklicken immer noch versucht, einfach loszupreschen, bleibst du noch zwei Einheiten länger bei dem ersten Schritt und versuchst es dann erneut, bis dein Hund stehenbleibt, wenn er das Karabinergeräusch hört und baust von da aus diese Übung unter Ablenkung ganz in Ruhe auf.

Wenn dein Hund auch unter mittlerer Ablenkung nach dem Karabinergeräusch locker bei dir stehenbleibt, ist es Zeit für den nächsten Schritt.

Der nächste Schritt:
„Ableinen" plus Fake-Ableinen = Belohnung

In diesem Schritt lernt dein Hund, auch dann bei dir zu bleiben, wenn du den Karabiner ganz ausklinkst. Damit dein Hund in diesem Schritt nicht einfach lostürmen kann, bleibt hier vorsichtshalber noch eine zweite, längere Leine am Geschirr. Du hakst also zur Vorbereitung zwei Karabiner von zwei Leinen in deinen Geschirr-Ring ein. Eine Leine hältst du in der Hand und eine zweitere, etwas längere Leine schleift am Boden. Du stehst neben deinem Hund.
Jetzt gibst du wieder das Signal „Ableinen". Wenn du gut vorgearbeitet hast, sollte dein Hund jetzt immer noch total ruhig stehenbleiben und sich dir zuwenden, weil er eine Belohnung erwartet. Die bekommt er aber nicht sofort, sondern du löst als Erstes den Karabiner der kürzeren Leine, die du in der Hand hältst. Bleibt dein Hund immer noch ru-

hig stehen? Perfekt! Belohne ihn ausgiebig und großzügig. Er ist abgeleint und bleibt einfach bei dir stehen, obwohl er früher immer einfach losgeflitzt ist. Super! Nach der Belohnung hakst du den Karabiner wieder in den Ring des Geschirrs ein.

Sollte dein Hund versuchen, Gas zu geben, weil er denkt, dass keine Leine mehr an ihm dranhängt, nimmst du einfach die zweite Leine auf, sodass dein Hund nicht einfach abdüsen kann. Hier gibt's dann auch keine Belohnung. Gehe stattdessen noch einmal zu Schritt Eins zurück und übe das Karabinerflitschen, bis dein Hund wirklich ruhig stehenbleibt, während er das Karabinergeräusch hört. Und dann gehst du wieder zu diesem Schritt zurück.

Kleiner Exkurs: „Anleinen"
Bevor du die Leine wieder in den Ring des Geschirrs einhakst, kannst du genau wie beim Ableinen ein Vorwarn-Signal, eine Ankündigung, geben, zum Beispiel „Anleinen" oder, wenn das zu ähnlich klingt wie „Ableinen", so etwas wie „Und wieder dran" oder „Einfangen" oder irgendetwas anderes, was dir einfällt. Gib dieses Signal immer, bevor du deinen Hund an die Leine nimmst. Wenn du ihn nach dem Anleinen kurz belohnst, hast du schnell einen Hund, der ähnlich wie beim Ableinen aktiv mitarbeitet und nach dem „Anleinen"-Signal stehenbleibt und sich dir schon so zuwendet, dass du am leichtesten Anleinen kannst. Nutze die Macht des Ankündigens! Es lohnt sich!

Wiederhole die Übung mit dem gefakten Ableinen wieder zwei Einheiten á fünf Wiederholungen lang. Bleibt dein Hund stehen, belohnst du ihn sehr großzügig. Versucht er davonzuflitzen, nimmst du die zweite Leine auf und gehst bei der nächsten Wiederholung wieder zu Schritt Eins zurück. Bleibt

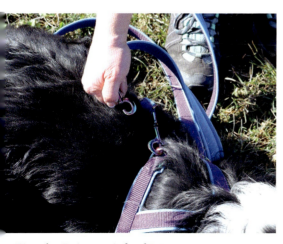

Eine der Leinen wird gelöst

dein Hund in acht von zehn Wiederholungen locker neben dir stehen, obwohl du den Karabiner löst, brauchst du wieder einmal deine Ablenkungsliste. Arbeite dich von den leichten zu den mittleren Ablenkungen. Immer, wenn etwas nicht funktioniert hat und dein Hund nach dem Karabinerlösen einfach loslaufen möchte, checkst du wie immer die Belohnung, die Ablenkung und sonstige Umstände. Warum hat es nicht funktioniert? Musst du einen Schritt zurück gehen? Optimiere dein Training, wie du das ja jetzt schon etliche Male gelesen hast, und gehe erst dann einen Schritt weiter, wenn der letzte Schritt richtig gut sitzt!

Kannst du deinen Hund unter mittlerer Ablenkung Fake-Ableinen und er bleibt dennoch bei dir? Prima, dann geht's weiter zum richtigen Ableinen.

Der nächste Schritt:
Das echte Ableinen. „Ableinen" plus Ableinen = Belohnung

Nachdem du jetzt deinen Hund schon Fake-Ableinen kannst, ohne dass er trotz mittlerer Ablenkung gleich losstürmt, sondern erst einmal bei dir bleibt, ist es jetzt an der Zeit, das echte Ableinen zu

Jetzt wird ganz abgeleint

üben. Jetzt wiederholst du einfach den letzten Schritt mit dem Unterschied, dass jetzt keine zweite Leine mehr zur Sicherung an deinem Hund hängt.

Du gibst also das Signal „Ableinen", leinst deinen Hund ab und er wird sich, wenn du bisher richtig gut geübt hast, dir zuwenden, anstatt gleich Gas zu geben. Yeah! Das Ableinen ist jetzt ein Signal, bei dir zu bleiben und dir Aufmerksamkeit zu schenken und dieses Verhalten hat das alte Losstürmen und die Welt entdecken ersetzt.

Und rate... Ja genau! Das übst du auch wieder zunächst unter ganz leichter Ablenkung, belohnst entsprechend und arbeitest dich Wiederholung für Wiederholung hin bis zu den mittelschweren Ablenkungen. Und du weißt ja schon: Sobald mal etwas schiefgeht, musst du dein Training überprüfen. Woran hat es gelegen? Und was ziehst du daraus für dein weiteres Training? Wo musst du wieder ansetzen? Aber darin hast du ja mittlerweile Übung.

Und nach dem Ableinen?

Achte darauf, dass dein Hund nach dem Ableinen cool und ansprechbar bleibt. Das kannst du zum Beispiel erreichen, indem du ihn nicht ständig dann ableinst, wenn sein Hundekumpel um die Ecke kommt, damit er mit ihm spielen kann.

Machst du das nämlich andauernd, ist dein superschönes Ablein-Training gleich wieder für die Katz. Dann verbindest du nämlich wieder große Aufregung mit der Ablein-Situation und das kann sich an anderer Stelle, wenn unbemerkt ein Eichhörnchen aufspringt, während du ableinst, wieder rächen.

Leine anfangs nur ab, wenn du mit deinem Hund gemeinsam etwas Schönes machen möchtest. Zum Beispiel ein Suchspiel, ein Rennspiel mit anschließender Entspannung, ein wenig Rückruftraining.

Und wenn du einfach nur ganz in Ruhe spazieren gehen möchtest, ohne permanent darauf achten zu müssen, ob dein Hund wieder etwas gesehen hat, von dem du ihn abrufen musst, dann bleibt er eben an der Schleppleine.

Anfangs bedeutet Freilauf dementsprechend: Spaß und Entspannung mit Frauchen oder Herrchen!

Nach und nach dehnst du die Freilaufphasen immer weiter aus und wechselst aktive und Entspannungsphasen ab, während die Leine gelöst und dein Hund abgeleint ist. Es gibt einige Dinge, die du auf dem Spaziergang tun kannst,

Mache interessante Pausen

damit dein Hund ein wenig entspannter und ansprechbarer bleibt.

Du könntest zum Beispiel einen kleinen Rucksack mitnehmen, in den du interessante Dinge für dich und deinen Hund einpackst, zum Beispiel ein Buch für dich und eine Entspannungsdecke (bei nassem Boden) und ein Kauspielzeug für deinen Hund.

Und dann sucht ihr zwischendurch beim Spazierengehen eine Bank auf, packt gemeinsam den Rucksack aus (Hunde lieben es, den Rucksack abschnüffeln und die Dinge darin entdecken zu dürfen) und gönnt euch eine Viertelstunde Ruhe, bevor es wieder weitergeht.

Solche Ruhepausen sind vor allem wichtig, wenn es vorher eine sehr aufregende Situation gab, wie zum Beispiel eine unschöne Hundebegegnung oder ein Reh, das plötzlich auf dem Spazierweg stand. Die Ruhepause hilft dir und deinem Hund, danach wieder runterzufahren und ohne große Aufregung weiter spazieren gehen zu können.

Da war doch noch was:
Die richtig schweren Ablenkungen

Hey, du hast es bis hierhin geschafft! Du weißt, auf welche Belohnungen dein Hund in welchen Situationen abfährt. Du hast mindestens drei sehr beliebte Belohnungssequenzen aufgebaut. Du hast deine Ablenkungsliste schon diverse Male abgearbeitet für den Geschirrgriff, den doppelten Rückruf, den U-Turn und das Ableinritual. Du kannst deinen Hund locker unter mittlerer Ablenkung mit deinen Signalen abrufen. Du kannst deinen Hund mittlerweile von seinem besten Kumpel abrufen. Du kannst ihn abrufen, wenn die Katze in 100 Metern gemütlich über die Straße schlendert und du kannst ihn abrufen, wenn er in 150 Metern Rehe am Waldrand stehen sieht.

Ihr habt also schon über die letzten Wochen und wahrscheinlich sogar Monate hinweg richtig viel erreicht.

ABER WENN DER DOOFE HASE AUFSPRINGT, DANN RENNT DEIN HUND IMMER NOCH WEG, WENN ER ABGELEINT IST!!

Ja, ich weiß, es gibt diese Situationen, in denen dem Hund immer noch die Sicherungen rausspringen können und in denen er nicht mehr ansprechbar ist. Das sind die richtig, richtig, richtig schweren Ablenkungen. Und meistens die, die man sehr schlecht üben kann, weil sie nur gelegentlich vorkommen und dann meist unkontrollierbar sind. Und meistens bist du selbst so überrascht, dass du deinen Hund erst rufst, wenn er schon im vollen Galopp im Hetzmodus unterwegs ist. Und zwar so heftig, dass nicht einmal der U-Turn funktioniert.

Zum Beispiel: Die Katze, die unmittelbar neben euch aus dem Gebüsch springt, deinen Hund anfaucht und dann sofort wegrennt. Oder der Hase, der wirklich direkt neben dem Weg aufspringt und Haken schlagend lospurtet. Oder der Erzfeind, der plötzlich um die Ecke kommt und deinen Hund anbrüllt und ein dickes Fass aufmacht. Alles Situationen, in denen es trotz des bisherigen Trainings sein kann, dass dein Hund erstmal losprintet.

Ich will dir nichts vormachen: Trotz intensiven Trainings kann es vorkommen, dass es vereinzelt Reize gibt, bei denen bei deinem Hund im Kopf ein Schalter umgelegt wird, den du nur schwer wieder zurückschalten kannst. Hunde sind halt Lebewesen und keine Maschinen.

Wenn du einen Hund hast, der in manchen Situationen trotz allen Trainings immer noch unkontrollierbar ist, dann solltest du ihn an der Leine führen, wenn das Gelände zu unübersichtlich ist. Alles andere wäre viel zu gefährlich. Das heißt aber nicht, dass es nicht dennoch Möglichkeiten gibt, deinen Hund auf diese Reize vorzubereiten.

Diese Situationen lassen sich meistens nicht gut stellen, denn wer lässt schon plötzlich ein Kaninchen vor seinem abgeleinten Hund losrennen?

Das ist viel zu gefährlich für den Hund und für das Kaninchen. Aber eins haben diese unkontrollierbaren Reize oft gemeinsam: Meistens sind das Dinge, die mit viel Bewegung und/oder mit intensiven Gerüchen einhergehen. Und für solche Reize kannst du durchaus sorgen. Das tust du aber erst dann, wenn du bisher alle leichten und mittleren Ablenkungen bis zum Erbrechen eingeübt und abgehakt hast und wenn du alle schweren Ablenkungen, die du kontrollieren kannst (z.B. ballspielende Kinder oder jemand, der an deiner Haustür klingelt oder am Gartenzaun vorbeigeht), ebenfalls geübt hast. Du gehst also erst zu diesem Training über, wenn du und dein Hund irre, irre, irre viel Routine in Sachen Rückruftraining habt. Vorher nicht! Das wäre mit ziemlicher Sicherheit zum Scheitern verurteilt. Abkürzungen gibt es leider keine. Rückruftraining ist Fleißarbeit.

Was du dafür brauchst:

- Ein sicheres Gelände, wie zum Beispiel einen eingezäunten Platz oder eine große Wiese weitab vom Straßenverkehr, die du weithin einsehen kannst, um unangenehme Überraschungen zu vermeiden.
- Außerdem brauchst du jede Menge Belohnungen, die mit Action oder Geruch zu tun haben, wie zum Beispiel ein Zergel, einen Wurfreifen, der weit fliegt und dann noch kullert, intensiv und abwechslungsreich riechende Futterstücke oder ein großes Plüsch-Zergel, auf das du etwas Wildduft (im Online-Handel) draufträufeln kannst. Überlege dir, was für deinen Hund so richtig belohnend ist, wenn es um Action oder Gerüche geht.
- Schleppleine und Brustgeschirr
- Zusätzlich brauchst du noch eine Hilfsperson, die die Ablenkungen kontrolliert. Am besten jemand, der seinen eigenen, supernetten Hund mitbringt.
- Ablenkungen, die den Dingen ähneln, bei denen dein Hund komplett austickt und nicht mehr ansprechbar ist.

Denke immer an die passenden Belohnungen

OFFLINE

Sei einfallsreich bei deinen Ablenkungen

Und jetzt geht's los:

Du schlägst in deiner Ablenkungsliste nach, was für deinen Hund so richtig krasse Ablenkungen sind, bei denen er wirklich nicht mehr ansprechbar ist. Und dann versuchst du, diese Ablenkungen auf deinem sicheren Gelände nachzustellen.

Zunächst ist dein Hund angeleint, damit er keinen Erfolg hat, falls er nicht auf dein Signal reagiert.

Sind es rennende Hasen in unmittelbarer Nähe? Dann kommt als Ersatzablenkung zum Beispiel ein Ball in Frage, der von der Hilfsperson plötzlich hinter einer Ecke (z.B. hinter deinem geparkten Auto oder hinter einem Busch) quer über den Weg geschossen wird. Oder die Hilfsperson nimmt eine Reizangel mit einem Spielzeug oder mit einem Tuch mit Wildduft und bewegt die Reizangel huschend und hüpfend oder in weiten Kreisen, je nachdem, was für deinen Hund besonders interessant ist.

Sind Wildgerüche eher der Auslöser für mangelnde Ansprechbarkeit bei deinem Hund? Dann bitte die Hilfsperson, ein Tuch mit Wildduft so zu deponieren, dass der Wind deinem Hund den Duft zuträgt. Oder du präparierst ein altes Mäuseloch mit etwas Wildduft.

Sind fremde Hunde ein Problem? Dann bitte befreundete Hundehalter, mit ihren Hunden „zufällig" ganz plötzlich am Übungsgelände aufzutauchen. Fremde Hundehalter, die du früher am Tag getroffen hast, könntest du vielleicht mit Kaffee und Kuchen bestechen, dir mal einen kurzen Besuch am Übungsgelände abzustatten.

Lass dir etwas einfallen! Wie kannst du Situationen kontrolliert so gestalten, dass sie deinem schlimmsten Rückruf-Alptraum möglichst nahekommen?

Und dann übst du mit diesen Reizen in unterschiedlicher Intensität. Zunächst bleibst du weiter weg und dein Hund ist noch angeleint. Und dann rufst du den Rückruf, den du in dieser Situation für am passendsten und erfolgreichsten hältst. Reagiert dein Hund, machst du selbstverständlich eine riesenriesenriesengroße Party und dein Hund darf, wenn es möglich ist, die superschwere Ablenkung gerne untersuchen, nachdem du ihm die Freigabe dafür erteilt hast.

Reagiert er nicht, bleibt dir an dieser Stelle nur ein müdes Gähnen. Du weißt ja, was du zu tun hast (Leine aufnehmen, zu deinem Hund gehen, Geschirrgriff, wieder zurück zum Ausgangspunkt,... du kennst das). Und dann versuchst du es noch einmal in geringerer Intensität. Du weißt ja mittlerweile, wie du dein Training am besten anpasst.

Klappt der Rückruf, machst du es etwas in verschiedenen Schritten immer schwerer:

- Du gehst mit deinem angeleinten Hund näher an die Ablenkung heran oder lässt die Hilfsperson die Ablenkung noch intensiver gestalten.
- Du leinst deinen Hund ab, rufst aber gleich nach dem Ableinen.
- Du leinst deinen Hund ab und wartest mit dem Rückruf-Signal, bis er sich etwas von dir weg in Richtung Ablenkung entfernt hat.
- Du leinst deinen Hund ab und wartest mit dem Rückruf, bis dein Hund im Hetzmodus ist.

Wichtig:
In dem Moment, in dem dein Hund abgeleint ist, sollte die Hilfsperson die Kontrolle über die Ablenkung haben und verhindern, dass dein Hund mit seiner Hatz Erfolg hat, falls er auf deinen Rückruf nicht reagiert.

Das bedeutet zum Beispiel: Wenn dein Hund im Hetzmodus auf die Reizangel zurennt und dein Signal überhört, nimmt die Hilfsperson die Reizangel auf, sodass die Jagd sofort beendet ist. Gejagt wird nur, wenn dein Hund vorher auf dein Signal reagiert hat und du ihm ausdrücklich die Freigabe zur Reizangel-Hatz erteilt hast!

Die Hilfsperson sollte die Ablenkung unter Kontrolle haben

Keine Belohnung ohne vorherige Freigabe

Oder: Wenn dein Hund auf Hundebegegnungen steht, übt ihr mit einem Zaun dazwischen. Stürmt dein Hund einfach zum anderen Hund hin und überhört dein Rufen, dreht die Hilfsperson mit dem Hund sofort ab und geht weg. Durch den Zaun kann dein Hund nicht folgen. Dein Hund darf erst zu dem anderen Hund hin, wenn er auf dein erstes Rufen hin reagiert hat und du ihm die Freigabe für diese Belohnung erteilt hast. Ansonsten ist die Chance auf diese besondere Belohnung erst einmal vertan.

> **Wichtig:**
> Denke daran, dass du im zweiten Anlauf die Übungssituation leichter gestaltest, sodass dein Hund im zweiten Anlauf auf jeden Fall Erfolg haben kann und belohne das entsprechend. Ansonsten würde er nämlich nicht lernen, dass es eine gute Chance auf die Ablenkung (die in diesem Fall ja auch eine Belohnung ist) gibt, wenn er sofort gehorcht, sobald du das Rückrufsignal gibst.

Damit du deinen Hund in einer solch aufregenden Übungsstunde nicht völlig überdreht, ist es sinnvoll, zwischen den einzelnen Übungen Pausen einzulegen, in denen dein Hund einfach nur nach ein paar Gutties suchen oder, falls er das mag, ein wenig mit dir schmusen kann. Ihr könnt auch einfach angeleint über das Übungsgelände spazieren und ein paar Ecken erkunden. Hauptsache, dein Hund fährt runter und entspannt. Dann sind die folgenden Übungen für ihn viel einfacher zu bewältigen. Für dich übrigens auch, denn solche Übungssessions fordern auch einiges an Reaktionsfähigkeit und Nervenkraft vom Menschen. Gönnt euch also zwischendurch ein paar Ruhepausen.

Wie im richtigen Leben

Auf dem Trainingsgelände sind die schweren Ablenkungen irgendwann nur noch ein müdes Gähnen wert? Prima! Wieder was gelernt und ein weiterer Schritt auf dem Weg, auch bisher unkontrollierbare Situationen gut zu meistern.

Jetzt ist es natürlich nicht damit getan, dass dein Hund auf dem Übungsgelände auf dich reagiert. Du musst dieses Training auch raus in die Welt tragen. Ich hoffe, du hast deine Hilfsperson bisher gut behandelt und mit viel Kaffee und Kuchen versorgt, denn du wirst sie noch brauchen.

Verabrede dich mit deiner Hilfsperson auf einem Spaziergang, auf dem du sonst nicht von plötzlichen, unerwünschten Ablenkungen überrascht wirst. Also vielleicht nicht unbedingt mitten im Wildgebiet oder auf der beliebten Hundegassi-Rennstrecke. Bitte deine Hilfsperson, sich auf einem vorgegebenen Weg zum Beispiel im Gebüsch zu verstecken und einen Ball über den Weg zu werfen, wenn du mit deinem Hund auftauchst. Oder die Reizangel plötzlich aus dem Versteck heraus schwingen zu lassen. Oder Wildduft an einer Stelle zu deponieren, an der du nicht unbedingt damit rechnest. Lass dich überraschen!

Sorge für überraschende Ablenkungen

Und jetzt kannst du so richtig zeigen, was du in den letzten Monaten aufgebaut hast.

Du übst den Rückruf genauso wie auf deinem Übungsgelände.

- Zunächst mit angeleintem Hund
- Dann mit heftigerer, intensiverer Ablenkung, der Hund ist aber immer noch angeleint
- Dann ohne Leine, wenn dein Hund sich schon etwas von dir entfernt hat
- Dann ohne Leine, wenn dein Hund schon im Hetzmodus ist

Das ist jetzt schon verdammt nah an der Realität unkontrollierbarer Situationen! Und wenn das klappt, dann kannst du dir schon so richtig auf die Schulter klopfen und deinem Hund eine Extraportion besten Futters zukommen lassen. Die Wahrscheinlichkeit, dass dein Hund irgendwann auch den sprintenden Hasen stehen lässt, ist damit ziemlich gestiegen. Gut gemacht!

Noch ein letztes Wort zu den Steigerungen

Denke immer daran, dass du eine Übung sofort wieder leichter gestaltest, wenn sie einmal nicht funktioniert hat. Probiere es nicht immer und immer und immer und immer wieder, nur um immer und immer und immer wieder zu scheitern. Funktioniert der Rückruf von der flitzenden Reizangel nicht, dann wird die Reizangel bei der nächsten Übung nicht mehr bewegt und du sorgst für mehr Abstand. Achte immer darauf, dass dein Hund beim nächsten Versuch Erfolg hat! Und wo wir schon bei letzten Worten sind: Es macht nicht nur Sinn, wenn du dir über das Ableinen Gedanken machst. Auch die Art, wie du deinen Hund anleinst, entscheidet darüber, ob dein Hund zu dir gelaufen kommt, wenn du rufst oder ob er lieber noch eine Ehrenrunde dreht.

Das Anleinen

Das Listenschreiben kennst du ja mittlerweile schon. Um dir bewusst zu machen, wie deine Anlein-Aktien zur Zeit so stehen, empfehle ich dir, noch eine kleine Liste mehr zu führen. Schreib doch mal zwei, drei Tag lang auf, wann und in welchen Situationen du deinen Hund angeleint hast und wie dein Hund darauf reagiert hat.

Und dann checke mal:
Leinst du ihn nur an, wenn etwas Interessantes wie Hasen oder andere Hunde euren Weg kreuzen? Oder vielleicht nur am Ende des Spaziergangs, wenn es wieder nach Hause geht? Greifst du dann einfach nach dem Geschirr oder dem Halsband deines Hundes und hängst den Karabiner ein? Und ist dir vielleicht schon einmal aufgefallen, dass dein Hund dir ausweicht, sobald du nach ihm fasst? Falls das der Fall ist, solltest du nicht nur das Ableinen, sondern auch das Anleinen üben.

Da du ja mittlerweile schon einige Kapitel gelesen hast, bin ich sicher, dass du dir selbst erklären kannst, woran das liegt. Ganz viele Hunde lernen, dass ihr Spaß im Leben schnell vorbei ist, sobald

Frauchen oder Herrchen mit der Leine wedeln und zum Appell rufen. Und was macht der kluge Hund dann? Der versucht, die süße Freiheit noch etwas länger zu genießen. Diese Hunde kommen entweder nur zögernd zum Anleinen oder sie weichen im letzten Moment aus, wenn du versuchst, nach ihnen zu greifen, um sie anzuleinen. Das Hingrabschen ans Geschirr oder Halsband kann für sensible Hunde sogar mit einem kleinen oder größeren Erschrecken verbunden sein.

Du solltest dir also ein wenig überlegen, wie du mit deinem Hund das Anleinen so gestalten kannst, dass er keinen Grund mehr hat, dir auszuweichen.

Probier mal ein paar Tipps aus:

1.) Versuche nicht, deinen Hund auszutricksen. Wenn du ihn mit Leckerchen lockst und dann plötzlich an sein Geschirr packst, um ihn anzuleinen, wird er dir nach einigen Wiederholungen ausweichen, sobald er merkt, dass du ihn locken möchtest. So was kann im Notfall ausnahmsweise mal hilfreich sein, wenn du deinen Hund fahrlässigerweise abgeleint hast, obwohl er den Rückruf nicht beherrscht, aber es sollte keine tägliche Aktion von dir werden. Wenn du einen Hund hast, der sich nur durch Tricks anleinen lässt, bleibt er beim Spaziergang im Moment an der Leine (wenn der Rückruf nicht sitzt, ist das eh vonnöten) und du übst das Anleinen separat.

2.) Zeige deinem Hund, dass du ihn anleinen möchtest. Halte die Leine so in der Hand, dass er sehen kann, dass du ihn gleich anleinst. Du kannst ihm auch ein verbales Signal geben und zum Beispiel „Anleinen" sagen, bevor du den Karabiner einhakst. So kann sich dein Hund drauf einstellen und sogar aktiv mithelfen, indem er sich so hinstellt, dass du ihn am besten anleinen kannst. Hunde, die gelernt haben, dass das Anleinen etwas Angenehmes ist, machen das gern.

3.) Trainiere das Anleinen. Damit dein Hund dir beim Anleinen nicht immer wieder ausweicht, übst du das mit ihm. „Üben" bedeutet, dass du das nicht einfach beim Spaziergang „übst", wenn du ihn sowieso anleinen musst und er damit wieder lernt, dass der Spaß gleich vorbei ist, sobald die Leine am Geschirr eingehängt wird. „Üben" bedeutet, dass du zunächst daheim, dann vor dem Haus, dann auf der Wiese und so weiter das Anleinen ganz gezielt trainierst. Du weißt ja mittlerweile, was zu einem guten Training gehört. Hier bedeutet das: Du gibst zum Beispiel im Haus in deiner

Küche deinem Hund dein Signal (z.B. „Anleinen"), zeigst ihm deine Leine und hängst die Leine vorsichtig in sein Geschirr ein. Wenn dein Hund ausweicht, weil er mit dem Anleinen schon die eine oder andere unangenehme Erfahrung gemacht hat, gib ihm etwas Zeit. Renn nicht einfach hinter ihm her und versuche, ihn mit dem Karabiner irgendwie einzufangen, sondern warte, bis dein Hund zu dir kommt. Sobald du deinen Hund anleinen kannst, markerst du das Einhängen des Karabiners und gibst deinem Hund eine Belohnung. Dann leinst du ihn wieder ab und wiederholst das Ganze. Übe an verschiedenen Orten, zu verschiedenen Zeiten, in verschiedenen Situationen, bis du „Anleinen" sagst und dein Hund sich schon so in Positur stellt, dass das Anleinen für dich und für deinen Hund ganz bequem ist.

4.) Mache das Anleinen für deinen Hund zum Happening. Übe das An- und Ableinen immer wieder beim Spaziergang und nicht nur dann, wenn du ihn sowieso anleinen musst. Immer, wenn du deinen Hund anleinst, passiert etwas Tolles. Du kannst ihn füttern, ihm ein interessantes Mauseloch zeigen, das ihr gemeinsam untersucht, ein kleines, gemeinsames Rennspiel machen, ein Zerrspiel veranstalten. Was auch immer. Hauptsache, es macht euch Spaß!

5.) Achte auf deine Körpersprache. Sensible Hunde reagieren häufig schreckhaft, wenn der Mensch sich einfach auf sie stürzt, um den Karabiner der Leine einzuhaken. Das liegt daran, dass unsere Körpersprache dabei oft bedrohlich wirkt.

Wir beugen uns über den Hund und halten ihn zum Teil mit zwei Händen fest und versuchen dann auch noch, ihn irgendwie so in Position zu drücken, dass wir die Leine einhängen können. Es ist kein Wunder, dass manche Hunde das sehr, sehr gruselig finden. Wenn du einen Hund hast, der in sich zusammenfällt und die Rute einzieht, sobald du ihn anleinen willst, checke mal deine Körpersprache. Stelle dich lieber etwas seitlich hin, um deinen Hund anzuleinen und achte darauf, dass du dich nicht allzusehr über deinen Hund beugst. Manchmal sind es schon Kleinigkeiten, die Anspannung lösen können.

Und wenn du merkst, dass du „Anleinen" sagst und dein Hund sich strahlend zu dir herumdreht und schon darauf wartet, dass du ihn endlich anleinst, dann hast du's geschafft! Unmöglich? Nope. Das ist schlicht und einfach geschicktes und durchdachtes Training.

Rückrufspiele

Lass uns nochmal zusammenfassen. In den letzten Wochen oder Monaten hast du dir zunächst passende Signale überlegt und eine Ablenkungs- und eine Belohnungsliste erstellt, um systematisch trainieren zu können. Du hast den Geschirrgriff aufgebaut, der dir hilft, wenn dein Hund mal nicht so richtig bei der Sache ist und dein Rufen überhört. Und du hast sowohl den doppelten Rückruf für den Alltag und den U-Turn für Actionsituationen geübt. Schließlich hast du die Schleppleine abgebaut.

Gut gemacht!

Jetzt möchtest du aber vielleicht ab und an etwas Abwechslung in dein Training bringen. Zum einen, um den Rückruf außerhalb der Situationen aus deiner Ablenkungsliste noch etwas zu vertiefen. Zum anderen, um den Rückruf unter sehr kontrollierten Bedingungen noch einmal zu festigen. Und natürlich, um einfach ein wenig Spaß zu haben! Mach doch mal ein Spiel draus!
Ich hätte da so einige für dich im Angebot.

1.) Das Dreieck-Spiel
2.) Das Kegel-Spiel
3.) Die Hasenzugmaschine
4.) Das Versteckspiel

RÜCKRUFSPIELE

1.) Das Dreieck-Spiel

Das Dreieck-Spiel heißt so, weil bei diesem Rückruf-Spiel dein Hund, du und die Ablenkung (die gleichzeitig die Belohnung ist) ein Dreieck bilden. Ziel dieses Spiels ist es, dass du deinen Hund an ausgelegten Ablenkungen vorbeirufen kannst und er sich freiwillig dagegen entscheidet, der Ablenkung nachzugeben und lieber zu dir gelaufen kommt.

Was du brauchst:

- Eine Ablenkung, die du am Boden oder auf einer Erhöhung präsentieren kannst. Du weißt ja, dass du am besten immer mit sehr geringen Ablenkungen anfängst und dich dann nach und nach steigerst, damit dein Hund auch wirklich Erfolg haben kann und merkt, wie cool es ist, wenn er Erfolg hat. Nutze also anfangs leichte Ablenkungen wie alte Toaststückchen, uninteressantes Spielzeug oder alte Stofflappen. Was eine „leichte Ablenkung" ist, bestimmt dein Hund.
- Eventuell eine Erhöhung. Manchmal ist es für den Hund leichter zu erkennen, dass er an einer Ablenkung vorbei gerufen wird, wenn die Ablenkung etwas erhöht dargeboten wird, als wenn sie einfach am Boden liegt. Das gilt vor allem für größere Hunde. Du könntest zum Beispiel einen alten Ball oder Stofflappen auf Nasenhöhe auf einem umgedrehten Eimer platzieren oder auf einem Stuhl.
- Außerdem Belohnungen, die besser sind als das, was du als Ablenkung verwendest. Solltest du also mit altem Toastbrot als Ablenkung arbeiten, nutze als Belohnung vielleicht größere Käsestücke oder Abschnitte von Wiener Würstchen. Wenn dein Hund lieber Spielzeug mag, legst du als Ablenkung vielleicht einen alten Ball raus, den er schon länger nicht mehr so interessant findet und belohnst mit seinem Lieblingsspielzeug.
- Ein Freigabesignal. Wenn dein Hund sich von dir hat abrufen lassen, gibst du ihm ein Signal, das bedeutet, dass er jetzt zur Ablenkung hinlaufen und sich bedienen darf. Das kann ein Wort sein wie „Okay" oder „Los" oder auch ein kurzer Satz wie „Nimm's dir" oder „Jetzt darfst du."
- Und du brauchst noch eine Hilfsperson. Wenn dein Hund das Signal „Bleib" kennt und befolgen kann, kannst du anfangs ohne Hilfe trainieren und brauchst eine zusätzliche

Biete die Ablenkung erhöht an

- Person erst dann, wenn du das Spiel später richtig schwer gestaltest.
- Etwas Platz: Am Anfang reichen etwa 5 x 5 Meter Platz. Später brauchst du mehr.

Und so geht's:

Stecke sehr gute Belohnungen so ein, dass du sie sofort griffbereit hast, ohne lange rumfummeln oder dir die Finger brechen zu müssen. Außerdem solltest du die Ablenkung in der Nähe aufbewahren oder auch einstecken, sodass du deinen Hund nicht lange im „Bleib" warten muss.

Als Erstes platzierst du deinen Hund. Wenn er auf Signal „Sitz/Platz/Steh und Bleib" kann, dann lässt du ihn in der Position (entweder „Sitz" oder „Platz" oder „Steh") bleiben, in der er am leichtesten warten kann. Kann er das nicht, brauchst du eine Hilfsperson, die deinen Hund an der Leine hält.

Dann gehst du zunächst fünf Schritte rückwärts, drehst dich um und legst die Ablenkung, mit der du arbeiten möchtest, einen Schritt entfernt hinter dich, sodass dein Hund nicht mal eben hinrennen und sich bedienen kann. Dein Hund darf sehen, was du da hinlegst. Das ist jetzt natürlich noch kein Dreieck, sondern eine Gerade (so viel zu „Du lernst nicht für die Schule, sondern fürs Leben!"). Das Dreieck kommt später.

Du stellst dich wieder gerade hin. Vor dir sitzt/steht/liegt dein Hund in etwa fünf Schritten Entfernung, hinter dir liegt in etwa einem Schritt Entfernung die Ablenkung. Deine Belohnung hast du so griffbereit, dass du sie ohne Gefummel erreichen kannst. Denk dran: Dein Hund ist nur fünf Schritte entfernt. Du solltest also schnell sein mit deiner Belohnung!

Und jetzt? Jetzt rufst du deinen Hund

RÜCKRUFSPIELE

Du beginnst mit einer Geraden

mit deinem doppelten Rückruf. Wobei du auf fünf Schritte Entfernung sicher nur das UO-Signal brauchst. Zum Ankern wirst du vermutlich nicht kommen, es sei denn, dein Hund hat schwersten Muskelkater von der Rehhatz am Tag vorher und kann sich nicht mehr so recht aufraffen.

Also: Du gibst das UO-Signal und wenn dein Hund auf dich zugeschossen kommt, kannst du, falls du das zeitlich schaffst, markern und belohnst danach oder du holst einfach so die Belohnung hervor und belohnst deinen Hund. Nachdem du mit dem Belohnen fertig geworden bist, gibst du deinem Hund ein Freigabesignal und nach deinem Freigabesignal darf er mal zur Ablenkung laufen und dran schnüffeln oder sich das Fressbare holen, was dort liegt.

Belohne deinen Hund

Achtung!

Es ist extrem wichtig, dass dein Hund erst zur Ablenkung läuft, nachdem du dein Freigabesignal gegeben hast! Solange du die Freigabe nicht erteilt hast, sollte dein Hund die Ablenkung nicht ergattern können. Das ist wichtig, damit dein Hund lernt zu warten und nicht beschließt, jetzt doch noch zur Ablenkung zu laufen.

Im Falle eines Ernstfalls kann das auch mal gefährlich sein. Dein Hund könnte ja nach einem Rückruf auch mal beschließen, dass es jetzt doch Zeit wäre, den Zwölf-Uhr-Hasen zu verdreschen. Das wäre dann allerdings fatal. Er soll stattdessen lernen, darauf zu warten, ob eine Freigabe erteilt wird oder nicht. Das bedeutet: Falls dein Hund beim Dreieck-Spiel nach deiner Belohnung plötzlich abdreht und zur Ablenkung rennt, stellst du dich ihm einfach in den Weg. Das kannst du total einfach tun, denn die Ablenkung liegt ja nur einen Schritt hinter dir.

Es ist dafür auch nicht nötig, deinen Hund zu körpersprachlich einzuschüchtern, zu bedrohen oder anderweitig ätzend zu werden. Du musst dich einfach nur vor die Ablenkung stellen, das ist alles. Und dann bringst du deinen Hund freundlich zurück in die Ausgangsposition und versuchst es noch einmal. Mach es beim zweiten Mal etwas einfacher und sorge für weniger Abstand zwischen dir und deinem Hund oder nutze bessere Belohnungen.

Bleibt er jetzt nach dem Rückruf (und der Belohnung) bei dir und wartet auf deine Freigabe? Prima, dann kannst du sie dieses Mal erteilen! Dein Hund lernt: Wenn ich nach dem Rückruf bei Frauchen oder Herrchen bleibe und warte, dann habe ich die Chance, mir die Ablenkung mal anzuschauen oder sie aufzufressen. Wenn ich nach dem Rückruf aber gleich versuche, zur Ablenkung zu gelangen, dann habe ich damit keinen Erfolg.

Also warte ich lieber!

RÜCKRUFSPIELE

Wenn dein Hund bei zehn Versuchen neun Mal ohne zu zögern gleich zu dir gelaufen kommt und nach der Belohnung brav auf die Freigabe wartet, kannst du die Übung etwas schwieriger gestalten.

Jetzt wird aus der Geraden wirklich ein Dreieck. Du nimmst deinen Teller und stellst ihn nicht mehr hinter dich, sondern einen Schritt weit entfernt neben dich. Deinen Hund setzt du dafür nicht mehr drei bis fünf Schritt, sondern etwa sieben bis zehn Schritt entfernt vor dir ab (oder lässt ihn von einer Hilfsperson an der Leine halten). Mit etwas mehr Abstand zu deinem Hund hast du etwas mehr Zeit zu reagieren, falls du merkst, dass er auf die Ablenkung zusteuert.

Und dann wiederholst du die Übung. Kommt dein Hund gleich zu dir: Prima! Belohne ihn und gib ihm die Freigabe für die Ablenkung. Steuert er gleich auf den Teller zu? Dann stell dich einfach vor den Teller, sodass er die Ablenkung nicht erreichen kann und wiederhole die Übung. Mach es beim nächsten Mal

Jetzt wird's zum Dreieck

Spiele mit den Abständen

dann wieder leichter und stelle den Teller wieder etwas mehr hinter dich, damit dein Hund auf jeden Fall wieder Erfolg hat und lernen kann, wie er an die Ablenkung herankommt, sprich: Dass er zuerst zu dir gelaufen kommen muss, um die Ablenkung haben zu können.

Klappt auch das, kannst du spielen. Lege den Teller mit der Ablenkung immer weiter zwischen dich und deinen Hund und spiele dabei mit den Entfernungen. Du kannst zum Beispiel das Futter zunächst weit von dir und deinem Hund entfernt stellen, sodass die Ablenkung nicht so groß ist, wenn du das Futter nicht mehr so ohne weiteres erreichen kannst.

Dann hast du bisher ja immer noch die Dreieck-Form. Je erfolgreicher deine Übungseinheiten sind, desto mehr kannst du die Ablenkung zwischen dich und deinen Hund stellen, sodass dein Hund später sogar direkt an der Ablenkung vorbei oder darüber hinweg läuft. In dem Moment, in dem du die Ablenkung nicht mehr erreichen kannst, um dich dazwischen zu stellen, macht es Sinn, wenn du sie ein wenig schützt. Zum Beispiel, indem du Futter in eine kleine, verschließbare Schachtel steckst, sodass dein Hund das Futter nicht sofort fressen kann, falls er nicht auf deinen Rückruf hört, sondern lieber zur Ablenkung hin durchstartet.

In diesem Fall weißt du ja schon, was du tust: Du machst kein großes Trara, sondern baust die Übung neu auf und machst es im nächsten Durchgang vorübergehend wieder etwas einfacher, bevor ihr euch wieder steigert.

RÜCKRUFSPIELE

Und so kannst du steigern:

- Mehr Entfernung zwischen dir und der Ablenkung
- Weniger Entfernung zwischen der Ablenkung und deinem Hund
- Nutze größere, verführerischere Ablenkungen, wie zum Beispiel das Lieblingsspielzeug, ein Hasenfell, offenes, besonders gutes Futter und so weiter. Du kannst zum Beispiel auch Freunde mit einbinden, indem du sie anstelle der bisherigen Ablenkung stehen (oder schwerer: am Boden sitzen) lässt, mal mit, mal ohne Futter in der Hand. Die Leute können deinen Hund auch ansprechen, während der auf dich zuläuft. Oder sie werfen einen Ball zunächst einfach nur in die Luft und später genau in die Laufbahn deines Hundes.

Du siehst, bei dieser Übung ist deine Phantasie gefragt. Sei kreativ in der Wahl deiner Ablenkungen.

Spiele mit den Ablenkungen

2.) Das Kegel-Spiel

Mit diesem Spiel stärkst du die Verknüpfung zwischen deinem Umorientierungs-Signal und einer supertollen Jagd- und Rennbelohnung bei deinem Hund. Das Spiel heißt „Kegel-Spiel", weil du Futter oder Spielzeug mit Schmackes so kegelst, als hättest du eine Kugel in der Hand, mit der du „Alle Neune" werfen möchtest.

Was du brauchst:

- Einen geeigneten Ort: Du solltest rechts und links von dir jeweils etwa fünf bis zehn Meter Platz haben. Der Untergrund sollte so gestaltet sein, dass deine Gutties oder deine Spielzeuge schön rollen können. Achte darauf, dass du einen Untergrund wählst, auf dem du wirklich etwas rollen lassen kannst. Bei einem Untergrund wie zum Beispiel einer hohen Wiese müsstest du werfen statt zu rollen. Dabei springt die Belohnung häufig unkontrollierbar, ist unauffindbar im Gras verschwunden und der Hund muss oft heftige Stopps einlegen, was eine erhöhte Verletzungsgefahr mit sich bringt. Daher rate ich, einen längeren Feldweg zu nutzen oder die geschützte Auffahrt vor deinem Haus. Ist das Gelände, das du nutzt, für deinen Hund sicher, kannst du mit abgeleintem Hund spielen. Bist du dir nicht sicher, ob jeden Moment der Zwölf-Uhr-Hase läutet, ist es besser, du führst deinen Hund an Geschirr, Ruckdämpfer und zehn Meter langer Schleppleine. Bist du im Fall der Fälle schnell genug, kannst du die Leine am Boden schleppen lassen. Bist du dir nicht sicher, halte das Ende der Leine in der Hand. In diesem Fall solltest du darauf achten, dass du Gutties/Spielzeug nicht zu weit rollst, damit dein Hund keinen Ruck bekommt, wenn ihr spielt.
- Gutties, die rollbar und gut sichtbar sind. Sie sollten sich farblich gut vom Untergrund abheben. Das Kegelspiel ist kein Suchspiel, sondern ein Spiel, bei dem dein Hund die Gutties verfolgen darf. Das kann er aber nur, wenn er sie gut sieht. Beginne zunächst mit drei Gutties. Mit der Zeit, wenn du den Dreh raus hast, kannst du dich auf mehr Gutties steigern.
- Zwei bis drei hundegeeignete Bälle, die dein Hund gut mit dem Maul fassen kann, ohne dass Gefahr besteht, sie zu verschlucken.
- Ein Signal, das deinem Hund ankündigt, dass jetzt das Kegelspiel ge-

RÜCKRUFSPIELE

spielt wird. So weiß er mit der Zeit, was als Nächstes passiert und kann sich zum Beispiel schon mal von alleine in die richtige Anfangsposition bringen, ohne dass du ihn hinleiten musst. Du kannst zum Beispiel „Kegeln" sagen oder ein anderes Wort, das dir lieber ist.

- Und ein Ende-Signal, das deinem Hund sagt, wann das Spiel beendet ist. Durch die Verwendung des Ende-Signals verhinderst du, dass dein Hund dich immer weiter bedrängt und weiterspielen möchte, auch wenn du keine Lust mehr dazu hast. Du kannst zum Beispiel „Ende" sagen und deinem Hund deine leeren Hände zeigen, wie so ein Hütchenspieler.

- Wärme deinen Hund ein wenig auf, indem ihr auf dem Gelände etwas spazieren geht.
- Wenn das Gelände nicht sicher ist, leinst du deinen Hund mit Brustgeschirr und Ruckdämpfer an deine Zehn-Meter-Schleppleine. Oder, wenn das Gelände sicher ist, arbeitest du ohne Leine.
- Du steckst deine rollbaren Gutties/Bälle so ein, dass du sie gut und schnell greifen kannst.
- Dann stellst du dich so auf dein Gelände, dass du rechts und links von dir jeweils mindestens 10 – 15 Meter Platz hast. Diese insgesamt 20 - 30 Meter sind die Rollbahn deiner Gutties/Bälle.
- Dein Hund steht vor dir. Wenn du dir anfangs noch unsicher bist, wie das alles abläuft, lass deinen Hund absitzen. So kannst du dich etwas besser konzentrieren, ohne dass du darauf achten musst, wo dein Hund gerade ist.

Und so geht's:

Du gibst dein Signal „Kegeln", nimmst danach ein Guttie/einen Ball in deine Hand und kegelst das Guttie/den Ball auf die linke Seite. Achte darauf, gleichmäßig und mit einer großen Bewegung so zu werfen, dass dein Hund dem Guttie/dem Ball mit den Augen folgen kann. Wenn er sieht, dass da was über den Boden rollt, wird er dem Guttie/dem Ball sicher hinterherjagen. Das darf und soll er auch. Kegel das Guttie/den Ball so, dass es möglichst wenig springt, sondern einfach nur erkennbar rollt. Dein Hund sollte abschätzen können, wo er das Guttie/den Ball erjagen kann. So verminderst du eine unnötige Belastung der Gelenke und verringerst die Verletzungsgefahr. Wenn dein Hund dazu tendiert, völlig kopflos loszustürmen und dann mit aller Wucht in die Eisen zu steigen, achte darauf, dass du nur ganz langsam kegelst, bis dein Hund sicherer und konzentrierter wird.

Sobald dein Hund das Guttie/den Ball erjagt hat, gibst du dein Signal zur Umorientierung. Dein Hund wird sich dir wieder zuwenden, weil er ja schon weiß, dass sich bei dir etwas Gutes ereignet. Sollte er aus lauter Aufregung den Ball nehmen und damit weglaufen, dann brichst du das Spiel kurz ab und spielst beim nächsten Mal mit Gutties. Die kann er schlucken und muss nicht damit weglaufen. Sollte dein Hund gar nicht auf dein UO-Signal reagieren, solltest du es außerhalb dieses Spiels noch einmal ganz in Ruhe aufbauen (s. Kapitel zum Umorientierungssignal).

Das Kegelspiel macht vielen Hunden großen Spaß

RÜCKRUFSPIELE

Wenn du das Signal zur Umorientierung gegeben hast und sich dein Hund zu dir wendet, markerst du, um deinem Hund zu signalisieren, dass du das Umwenden zu dir super findest und nimmst das nächste Guttie/den nächsten Ball aus deiner Tasche und kegelst es in die entgegengesetzte Richtung, also jetzt nach rechts. Dein Hund kann und darf jetzt an dir vorbeiflitzen und das nächste gekegelte Guttie/Spielzeug erjagen. Wenn er es erjagt hat, gibst du wieder dein Signal zur UO und dein Hund wendet sich dir wieder zu. Du markerst wieder.

Nach diesem Marker wirfst du kein Guttie/kein Spielzeug mehr, sondern gibst deinem Hund das Guttie/Spielzeug ins Maul, ohne es vorher zu werfen. Dann gibst du dein Ende-Signal und beendest damit das Spiel. Sollte dein Hund noch sehr aufgeregt sein von der Jagdsequenz, fahr ihn ein wenig runter, damit der Frust über das Ende nicht so groß wird, dass er jetzt was Doofes macht wie in deine Klamotten zu zwicken oder bellend um dich herumzulaufen. Du kannst ihn zum Beispiel mit dem zuletzt geworfen Ball noch ein wenig alleine spielen lassen, bevor du ihn endgültig einsteckst. Oder du verstreust noch ein paar Gutties zum Suchen. Oder du setzt dich, falls dein Hund das in dieser Situation mag, mit runter auf den Boden und ihr kuschelt ein wenig.

Wenn du mit Bällen spielst statt mit Gutties: Mehr als zwei, drei Bälle brauchst du für dieses Spiel nicht einzustecken. Wenn du deinen Ball in eine Richtung kegelst und danach den anderen Ball aus der Tasche ziehst und den in die entgegengesetzte Richtung wirfst, ist es sehr wahrscheinlich, dass dein Hund den ersten Ball fallen lässt und dem zweiten Ball nachjagt. Falls nicht, kannst du auch mit einem freundlichen „Aus" nachhelfen.

Dann musst du nur noch den ersten Ball aufsammeln, um wieder weiterspielen zu können. Achte dabei unbedingt darauf, dass du die Bälle so kegelst, dass dein Hund genau an dir vorbeilaufen muss, um den nächsten Ball einzufangen. So tust du dich mit dem Einsammeln leichter. Gehört dein Hund zu den Jägern und Sammlern und möchte den ersten Ball nicht wieder hergeben, auch wenn du den zweiten Ball wirfst, dann brich das Spiel ab und spiele beim nächsten Mal mit Gutties. Ich empfehle allerdings in diesem Fall, euer Aus-Signal ein wenig aufzufrischen.

Nach einer kleinen Entspannungspause wiederholst du das Spiel. Vielleicht kannst du dieses Mal ja schon mit vier Gutties statt mit dreien arbeiten. Steigert euch langsam. Die Hauptsache ist, ihr habt Spaß!

Dieses Spiel kannst du einfach so zwischendurch spielen, wenn deinem Hund gerade nach Rennen und Hetzen zumute ist. Du kannst es aber auch als eine megatolle Belohnungssequenz für einen gelungenen Rückruf verwenden.

3.) Die Hasenzugmaschine

Die Hasenzugmaschine ist ein wunderbares Spiel, mit dem du auf eine einfache Art und Weise das Abrufen von schnellen, huschenden Bewegungsreizen üben kannst. Also quasi den Hasen, wenn man ihn gerade braucht, oder ein Instant-Eichhörnchen. Die Hasenzugmaschine ist ein stabiles Gummiseil, an das du ein Spielzeug oder ein Fellteil mit Wildduft dranknoten, quer über einen Weg spannen und dann flitschen lassen kannst. Auf diese Weise huscht plötzlich ein „Eichhörnchen" über den Weg und das ist ein Reiz, dem kaum ein Hund widerstehen kann.

Was du dazu brauchst:

- Ein etwa zehn Meter langes, stabiles Gummiseil. Das erhältst du in jedem Baumarkt für wenig Geld. Achte darauf, dass du das Gummiseil, wenn du diese Übung im Laufe der Zeit öfters durchführen möchtest, regelmäßig auf Gebrauchsspuren untersuchst und austauschst, wenn es nötig sein sollte.
- Ein Spielzeug oder ein Fellstück zum Dranknoten. Für den besonderen Kick kannst du Spieli oder Felldings auch mit Wildduft beträufeln.
- Eine Hilfsperson. Sorry, ohne Hilfsperson geht's nicht. Falls dir eine Art Fernbedienung für das Maschinchen einfällt: Schreib mir.
- Wir nutzen in unseren Hundestunden immer ein paar Freiwillige und bestechen sie mit Plätzchen und Kuchen. Besonders hochwertige Belohnungen für deinen Hund. Nutze welche, die mit viel Action zu tun haben, denn deinem Hund wird vermutlich gleich nach Hetzen zumute sein. Diese Hetzlust auszulösen und damit zu arbeiten ist nämlich der Sinn der Hasenzugmaschine.
- Einen Feld- oder Waldweg mit Möglichkeiten, das Gummiseil an etwas

RÜCKRUFSPIELE

Stabilem zu verknoten. Der Weg sollte der Hilfsperson auch die Möglichkeit bieten, unsichtbar zu bleiben. Wir üben häufig in einem Waldstück, in dem viele Bäume dicht am Weg stehen.
- Außerdem brauchst du noch deinen Hund, der durch Geschirr und Schleppleine gesichert ist (evt. mit Ruckdämpfer).
- Und du brauchst noch ein Signal, das du üben möchtest. Da durch die Hasenzugmaschine ja häufig Hetzlust ausgelöst wird, bietet es sich an, das Umkehrsignal „Turn" zu üben. Du kannst aber natürlich auch den doppelten Rückruf auf diese Weise vertiefen.

Die Hasenzugmaschine wird auf Spannung gebracht

Und so bereitest du die Übung vor:

- Du knotest dein Felldings oder ein Spielzeug an das stabile Gummiseil. Du kannst es zusätzlich, wenn du magst, noch mit Wildduft beträufeln. Dann schickst du eine Hilfsperson mit diesem Gummiseil ein Stück den Weg entlang, sodass sie außer Sicht agiert. Dort außer Sicht verknotet die Hilfsperson das Gummiseil an einem Baum. Achtet bitte darauf, die Rinde nicht zu verletzen. Ihr könnt zum Beispiel ein stabiles Stück Pappe unterlegen, wenn ihr das Gummiseil am Baum verknotet. Oder ihr nutzt einen Laternenpfosten.
- Verknotet das Seil so, dass sich der Knoten auch unter Zug nicht lösen

kann, damit der Hilfsperson das Seil nicht um die Ohren fliegt.
- Dann geht die Hilfsperson mit dem Ende des Gummiseils, an dem sich das Spielzeug befindet, quer über den Weg und versteckt sich auf der anderen Seite zum Beispiel hinter einem Baum, Stromkasten, in einem kleinen Graben, hinter einem Strauch, was auch immer zur Verfügung steht. Das Seil wird dabei auf Spannung gebracht, indem die Hilfsperson das Seilende mit dem Spielzeug in die Hand nimmt und daran zieht.

Und so geht's:

1.) Aus dem Stand heraus

Du weißt ja: Wir beginnen mit einer neuen Herausforderung immer erstmal so, dass dein Hund auch eine faire Chance auf Erfolg hat. So lernt er am schnellsten und mit wenig Frust und es ist dann auch nicht mehr tragisch, wenn ab und an mal ein Fehler passieren sollte.

Um die Herausforderung langsam zu steigern, beginnen wir mit einem neuen Reiz (huschendes Eichhörnchen), versuchen aber, diesen Reiz zunächst in einer für den Hund aushaltbaren Intensität zu gestalten.

Das heißt:
Bei dieser ersten Übung hält die Hilfsperson das Seil nur so weit unter Spannung, dass das Eichhörnchen nur langsam flitzt. Das Seil wird also nicht bis kurz vorm Reißen gespannt, sondern nur ein wenig, sodass das Eichhörnchen vielleicht zwei, drei Meter langsam huscht und dann liegen bleibt (vorher ohne Hund ausprobieren!).

Außerdem übst du zunächst mit deinem Hund, während er noch steht und noch nicht losgehetzt ist. Du wartest also, bis die Hilfsperson dir ein Zeichen gibt, dass du losgehen kannst (entweder durch ein kurzes Winken oder, dank des mobilen Zeitalters, durch eine kurz Handynachricht).

Du gehst, bis du das Seil am Boden sehen kannst. Nähere dich dem Seil bis etwa fünf Meter an und bleibe dann gemeinsam mit deinem Hund stehen. Geh erst einmal nicht näher ran. Manche Hunde erschrecken sich, wenn das „Eichhörnchen" zum ersten Mal über den Waldweg huscht.

Wir wollen aber kein Meideverhalten erzeugen, sondern Neugier und Interesse, damit du üben kannst, deinen Hund in diesen Situationen abzurufen. Außer-

RÜCKRUFSPIELE

Und jetzt ist dein Timing gefragt:

dem brauchst du ja ein wenig Raum und Zeit, um zu reagieren, falls dein Rückruf wider Erwarten nicht funktionieren sollte. Aber hey, du hast in den letzten Wochen so viel geübt! Dieser Rückruf wird für euch ein Kinderspiel!

Wenn du stehst und dein Hund nicht allzu abgelenkt ist, lässt die Hilfsperson das leicht gespannte Gummiseil los und das Eichhörnchen darf huschen.

Sobald dein Hund das huschende Etwas wahrgenommen hat - sprich: In die Richtung des Eichhörnchens schaut oder sich suchend umblickt oder schon einen kleinen Minisatz nach vorne macht - gibst du dein Rückrufsignal.

Das Signal sollte wie immer beim Rückruftraining gegeben werden, wenn die Leine noch locker ist. Hat dein Hund dich schon von den Beinen geholt und das Eichhörnchen zerfleddert, ists für den Rückruf ein wenig zu spät.

Sollte das mal passieren, brichst du die Übung einfach kurz ab und wiederholst sie, indem du den Reiz (das Eichhörnchen) vorübergehend ein wenig weniger attraktiv gestaltest (noch langsamer flitzen lassen, mehr Abstand halten, ein weniger interessantes Spielzeug nehmen, was auch immer).

Den perfekten Rückruf bitte belohnen!

Und wie es jetzt weitergeht, hast du ja schon etliche Male vorher geübt: Klappt dein Rückruf, dann machst du 'ne fette Party!

Denke daran: Die Wahrscheinlichkeit ist ziemlich groß, dass dein Hund vor deinem Rückruf in Hetzlaune war. Es kann also sehr hilfreich sein, wenn du deine Belohnung entsprechend auswählst, sodass dein Hund seiner Hetzlust durch deine Belohnung nachgeben kann und dafür kein Eichhörnchen jagen muss. Nach deiner Belohnung kannst du ihn, wenn du das möchtest, mit einer Freigabe auch zum Spielzeug am Gummiseil schicken.

Das ist dann noch eine zusätzliche Belohnung, die das Zurückkommen zu dir noch einmal extra bestärkt. Fahr deinen Hund danach ein wenig runter, bevor ihr die Übung wiederholt oder weiter spazierengeht, denn sie ist ziemlich aufregend und du möchtest sicher nicht, dass sich dein Hund immer weiter reinsteigert.

Sollte dein Hund nicht folgen, weil der Reiz zu groß war, weißt du ja auch schon, wie's geht: Leine halten und dadurch Erfolg verhindern, zum Hund hangeln, Geschirrgriff, falls es nötig sein sollte und zurück zum Ausgangspunkt. Belohnung entsprechend anpassen und dann einen neuen Versuch mit einem weniger attraktiven Reiz wagen und von da aus das Training aufbauen.

Übe das Abrufen vom Hetzobjekt aus dem Stand heraus an verschiedenen Orten, zu verschiedenen Tageszeiten, mit verschiedenen Hetzobjekten am Seil und so weiter.

Du solltest ja mittlerweile schon ein Meister/eine Meisterin im Generalisieren sein. Mach dir eine Liste mit Situationen und Orten, an denen du die Hasenzugmaschine einsetzen kannst.

Und noch eine wichtige Sache: Wenn du das Training bis hierhin wirklich sauber aufgebaut hast und dein Hund richtig Spaß mit dir hat, kann es hier ohne weiteres passieren, dass dein Hund das fliegende Eichhörnchen zwar wahrnimmt, aber dennoch stehenbleibt und zu dir schaut, bevor du überhaupt rufen kannst.

Ich habe schon Leute in meinen Kursen erlebt, die sich darüber geärgert haben, weil sie dann ja gar nicht rufen konnten. HALLOOOOO?? Luxusproblem! Wenn dein Hund stehenbleibt und zu dir schaut, statt das Eichhörnchen zu jagen, DANN WIRD DAS GEFÄLLIGST BELOHNT! UND ZWAR SO RICHTIG!! Das ist ja schließlich ein sehr, sehr, sehr erwünschtes Verhalten. Ich weiß, du

RÜCKRUFSPIELE

hast dieses Buch ja bis hierhin gelesen und denkst dir vielleicht „Ach komm, so doof bin ich nicht."

Aber wenn es dann so weit ist und die Übung durch deinen genialen, großartigen Hund etwas anders verläuft als gedacht, bist du vielleicht im ersten Moment trotzdem etwas verwirrt, weil du nicht damit gerechnet hast. Also denk dran: Es könnte schlicht und einfach sein, dass sich dein Hund herausragend intelligent und genial verhält.

Dann honoriere das gefälligst!

2.) Aus dem Hetzen heraus

Bereit für die nächste Herausforderung? Dann machen wir es wieder etwas schwieriger. Jetzt gehst du hin und rufst deinen Hund ab, wenn er schon richtig im Hetzmodus ist.

Dieses Mal sollte die Hasenzugmaschine von deiner Hilfsperson so gespannt worden sein, dass der Hase mit vollem Speed eine längere Flugstrecke zurücklegt. Das bedeutet: Die Hasenzugmaschine wird nicht direkt am Weg befestigt, sondern in fünf bis zehn Metern Abstand zum Weg. Das Gummiseil geht dennoch quer über den Weg und wird von der Hilfsperson stärker gespannt. Unnötig zu sagen, dass ihr euren gesunden Menschenverstand walten lassen müsst, wenn es um das Spannen des Seils geht, gell? In etlichen Jahren Hasenzugmaschine ist mir noch nie ein Gummiseil gerissen oder anderweitig um die Ohren geflogen. Ich bin sicher, mit etwas Grips und ausreichender Vorsicht schaffst du das auch. Wenn die Hilfsperson das Seil gespannt hat, bist du wieder an der Reihe.

Du hängst eine längere Leine ans Hundegeschirr (benutze hier bitte unbedingt einen Ruckdämpfer). Du nimmst die Leine am äußersten Ende und lässt den Rest am Boden liegen. Achte aber darauf, dass sich weder du noch dein Hund beim Losgehen darin verheddern. Dann gehst du wieder mit deinem Hund gemeinsam auf die Hasenzugmaschine zu. In ausreichender Entfernung (etwa fünf bis zehn Meter) lässt die Hilfsperson den Hasen fliegen.

Jetzt mit mehr Bewegung

Dieses Mal rufst du aber nicht sofort, wenn dein Hund den Ersatzhasen wahrnimmt, sondern du wartest, bis Fiffi in den Hetzmodus schaltet und losstartet. Mach dir das bitte vor der Übung noch einmal innerlich ganz klar: Warten, bis dein Hund hetzt! Glaub mir, wenn du mitten in der Übung bist, wird dir das irre schwerfallen, denn im normalen Leben würdest du deinen Hund selbstverständlich schon rufen, wenn du merkst, dass er sich für etwas interessiert, für das er sich nicht interessieren sollte. Jetzt wartest du aber bewusst ab, bis dein Hund schon losstürmt.

Er stürmt nicht los und bleibt einfach stehen und starrt in die Richtung des abgezischten Hasens? Vielleicht dreht er sich sogar zu dir um und gibt dir gar keine Gelegenheit mehr, ihn abzurufen? Perfekt!

Du weißt ja schon: LUXUSPROBLEM! Also belohne ihn gefälligst, wenn er den Hasen gar nicht erst jagt! Ja, auch dann, wenn du dein Rückrufsignal gar nicht erst geben konntest, weil dein Hund so irre toll genial reagiert hat. Wenn dein Hund ganz ohne dein Signal durch das viele Üben schon ganz von alleine ein zum Niederknien tolles Verhalten zeigt, dann honoriere das!

Und wenn er doch losstürmt, dann rufst du ihn mit dem Rückrufsignal, das du in diesem Moment üben möchtest.

Er reagiert, bevor sich die Leine spannt? Perfekt! Rück 'ne fette Belohnung raus! Am besten etwas, an dem er seine aufgebaute Hetzenergie ablassen kann. Renne

Dreht dein Hund sich zu dir? Belohne ihn!

RÜCKRUFSPIELE

gemeinsam, wirf ein Spielzeug, veranstalte einen Guttieregen. Hier kannst du auch das Kegelspiel sehr gut als Belohnung einsetzen. Hauptsache, dein Hund hat Spaß! Auch hier gilt: Fahr ihn hinterher wieder runter, bevor du die Übung wiederholst oder weiter spazieren gehst, damit seine Aufregung wieder auf ein Normallevel sinkt. Dann bleibt er weiter ansprechbar und steigert sich nicht rein. Wenn sich die Leine kurz spannt und er dann abdreht und zu dir kommt, ist das immer noch eine Belohnung wert. Gestalte dann aber das Instant-Eichhörnchen im nächsten Versuch etwas leichter, sodass dein Hund reagiert, ohne dass sich die Leine spannt.

Und wenn er nicht folgt? Muss ich's wirklich nochmal schreiben? Ich glaube, du weißt schon in- und auswendig, was dann zu tun ist: Leine halten (Erfolg verhindern), heranhangeln, Geschirrgriff, zurück zum Ausgangspunkt. Belohnung entsprechend anpassen und die Übung beim nächsten Mal einfacher gestalten. Und dann gilt wie immer: Generalisieren. Neue Orte, neue Zeiten, neue Hasen, mehr Abstand zwischen dir und deinem Hund. Lass dir was einfallen und du wirst sehen, wie sich dein Hund immer mehr auch aus dem Hetzen abrufen lässt.

4.) Das Versteckspiel

Das Versteckspiel ist ein Spiel, bei dem du dein Rückrufsignal gibst, während du außer Sicht bist. Es gibt ja während eines Spaziergangs durchaus mal Situationen, in denen dein Hund kurz aus deinem Sichtfeld verschwindet. Auch dann sollte er wissen, dass dein Rückruf immer noch gilt, auch wenn er dich gerade nicht sehen kann.

Aber ich muss direkt eins vorausschicken, bevor wir in das Spiel einsteigen: Es ist wirklich ein Spiel! Das bedeutet, dass sowohl du als auch dein Hund daran Spaß haben solltet. Es geht nicht darum, deinen Hund in Angst und Schrecken zu versetzen, indem er dich auf einmal nicht mehr sieht und nicht weiß, wo du dich befindest. So etwas kann ganz böse Nebenwirkungen haben.

Dein Hund soll bitteschön in Ruhe schnuppern und sich mit seiner Umwelt auseinandersetzen und sich auch mal darin verlieren können (sprich: Einen Geruch richtig intensiv zu Ende schnüffeln dürfen.), ohne gleich Angst haben zu müssen, dass du auf einmal verschwunden bist. Du bist die wichtigste Bezugsperson deines Hundes. Setze sein Vertrauen bitte nie aufs Spiel! Was für ein Leben ist das, wenn dein Hund auf jedem Spaziergang Angst haben muss, dich zu verlieren? Er könnte nie wieder in Ruhe an einer Stelle schnüffeln. Er könnte nie wieder in Ruhe etwas beobachten. Ständig müsste er dich aus Verlustangst im Auge behalten. So einen Stress auf einem Spaziergang braucht kein Hund! Und wenn der Schreck so richtig groß ist, kann das sogar dazu führen, dass er dieses Gefühl mit nach Hause nimmt und dort auf einmal auch Trennungsängste entwickelt, wo vielleicht vorher keine waren. Das möchtest du nicht riskieren. Daher eine Bitte vorab: Bitte bau diese Übung als Spiel auf. Sorge dafür, dass es euch beiden Spaß macht! Wie das geht, erkläre ich dir jetzt.

Was du brauchst:

- Ein geeignetes Gelände mit Versteckmöglichkeiten. Suche dir ein Gelände, in dem dein Hund im Optimalfall ohne Leine laufen kann. Wenn du gar nichts findest, lass deinen Hund an einer sehr langen Leine, am besten über 20 Meter lang, mit Ruckdämpfer und Geschirr angeleint. Geht auch das nicht, weil dein Hund zum Beispiel dazu tendiert, in diese 20 Meter mit voller Wucht reinzuknallen, dann stellst du dieses Spiel bitte zunächst ganz hinten an und übst erst einmal alles andere, was du in Sachen Rückruftraining üben kannst.
- Das Gelände sollte verschiedene Verstecke aufweisen, die du und auch dein Hund leicht erreichen können. Anfangs reichen ein paar Bäume und Sträucher völlig aus.
- Und du brauchst natürlich passende Belohnungen für deinen Hund. Das weißt du ja schon.
- Außerdem überlegst du dir **vor** der Übung, welches Rückrufsignal du üben möchtest: Doppelter Rückruf oder U-Turn? Mit oder ohne Pfeife? Es wäre besser, wenn du das vorher weißt, damit du nachher nicht in deinem Versteck sitzt und erst einmal überlegen musst, was du jetzt eigentlich vorhast. Das ist verschenkte Zeit und dann ist die Übung von vorneherein zum Scheitern verurteilt

Also: Vorher planen, dann erst die Übung durchführen. Ich empfehle, spätestens ab dem Moment, ab dem dein Hund dich wirklich nicht mehr sehen kann, wenn du gerufen hast, den doppelten Rückruf zu verwenden. Dein Intervall-Pfiff oder dein andauerndes Anfeuern ist für deinen Hund eine akustische Hilfe, wieder zu dir zu finden. Im Ernstfall findet dein Hund dich auf diese Weise sehr gut wie-

RÜCKRUFSPIELE

der und muss nicht ewig suchend durch den Wald laufen, um dich wiederzufinden.

Und so geht's:

Stufe 1:

Ihr geht einfach ein wenig über das Gelände spazieren. Wenn du merkst, dass dein Hund etwas abgelenkt ist, versteckst du dich ganz unauffällig. Vielleicht stellst du dich einfach nur hinter den nächstgelegenen Baum. Verstecke dich so, dass du deinen Hund immer noch im Auge behalten kannst. Sollte dein Hund angeleint sein müssen, versteckst du dich so, dass du die Leine immer noch in der Hand halten kannst.

Wichtig:
Sollte dein Schlauhund in diesem Moment bemerken, dass du dich versteckst und angelaufen kommen, um zu schauen, was du das Lustiges tust und dir so die Gelegenheit nehmen, ihn zu rufen: DANN WIRD ER GEFÄLLIGST SUPERDOLLE GELOBT UND BELOHNT!

Ich sag das nur vorsichtshalber, weil ich immer wieder erleben, dass die Halter in solchen Fällen überrascht schauen, aber nicht belohnen, weil sie ja nicht gerufen haben. Doch du belohnst. Ja, auch dann, wenn du gar nicht gerufen hast. Dein Wauzel hat was Tolles gemacht. Er hat geschaut, wo du bist und kam gleich angerannt. Und zwar ganz ohne dass du rufen musstest. Perfekt! So kann's doch während eines Spaziergangs gerne immer laufen, oder?

Dein Hund kommt zwischendurch zu dir, ohne dass du rufen musst. Ja, belohne das bitte immer, denn das ist absolut belohnenswertes Verhalten!

Verstecke dich unauffällig

Sollte er nicht gleich angerannt kommen, ist das jetzt dein Moment: Du gibst dein Rückrufsignal. Warte bis du merkst, dass dein Hund auf dein Signal reagiert, also zum Beispiel den Kopf hebt und sich suchend umschaut. Da wir hier noch bei Stufe 1 sind, trittst du in dem Moment aus deinem Versteck heraus, in dem dein Hund auf dein Rufen reagiert. Riskiere nicht, dass dein Hund Angst bekommt! Zeig dich, sobald dein Hund sich nach dir umschaut.

Dein Hund merkt: Du rufst, er kann dich nicht sofort sehen, aber du bist auf jeden Fall in der Nähe. Falls du den doppelten Rückruf verwendet hast, gibst du, wenn du merkst, dass sich dein Hund nach dir umschaut, dein Anfeuerungssignal, bis dein Hund bei dir angekommen ist. Und dann belohnst du natürlich anständig.

Sollte dein Hund gar nicht auf deinen Rückruf reagieren, dann brich die Übung einfach ab. Dann ist jetzt noch nicht der Zeitpunkt für ein Versteckspiel. Übe zunächst einmal deine Rückrufsignale, bis sie in vielen Situationen wirklich bombenfest sitzen und versuche es dann noch einmal mit dem Versteckspiel.

Stufe 2:

Dein Hund hat bereits gelernt, dass es nicht schlimm ist, wenn du rufst, während er dich nicht sieht. Er weiß, dass du sicher in seiner Nähe bist. Daher kannst du den Zeitraum, bis du dich zeigst, ein wenig länger ausdehnen.

Du gehst so vor wie bisher auch: Wenn dein Hund ein klein wenig abgelenkt ist, versteckst du dich schnell und möglichst unauffällig, aber immer noch so, dass du deinen Hund beobachten kannst. Dann gibst du dein Rückrufsignal. Wenn du merkst, dass sich dein Hund suchend umschaut, beginnst du,

Zeig dich sofort

RÜCKRUFSPIELE

deinen Hund anzufeuern, bleibst aber weiterhin in deinem Versteck. Gib so lange dein Anfeuerungssignal, bis dein Hund bei dir angekommen ist.

Wichtig: Solltest du merken, dass dein Hund die Orientierung verliert oder hektisch wird, weil er dich nicht findet, zeigst du dich sofort! Er soll immer die Gewissheit haben, dass du in seiner Nähe bist und er in Sicherheit ist.

Dehne dann den Weg, den dein Hund zu dir zurücklegen muss, immer weiter aus. Wenn dein Hund angeleint bleiben muss, kannst du dabei auch mit einer Hilfsperson arbeiten. Die Hilfsperson nimmt deinen Hund an die Schleppleine, geht mit dem Hund spazieren und du versteckst dich. Wenn du dein Signal gegeben hast und sich dein Hund in deine Richtung in Bewegung setzt, läuft die Hilfsperson mit. Ja, der Hund wird vermutlich schneller sein als die Hilfsperson, aber das schult gerade im Wald Kondition und Koordination. Und hinterher gibt's ein Stück Kuchen als Dankeschön und zum Wiederauffrischen der verlorenen Kalorien.

Diese Rückrufspiele kannst du immer wieder zwischendurch einsetzen, wenn dir danach ist. Solltest du bemerken, dass dein Hund noch nicht so weit ist, stelle die Spiele erst einmal hinten an und übe die Rückrufsignale in vielen verschiedenen Situationen. Danach versuchst du dich dann wieder an den Rückrufspielen.

Mach es schwieriger

Fahrplan

Na, schon den Überblick verloren? Das war auch alles etwas viel, oder? Listen schreiben, Belohnungen überlegen, Leinehandling üben und so weiter und so fort. Da kann einem schon mal etwas schwindlig werden.
Daher kommt hier nochmal ein kurzer Fahrplan für dein Rückruftraining.

1. Die Vorbereitung

Als Erstes schreibst du schön fleißig deine Belohnungs- und deine Ablenkungsliste.
Als Zweites überlegst du dir sinnvolle Signale für die einzelnen Übungen, die du trainieren möchtest.
Und du besorgst schon einmal alles, was du an Equipment brauchst, falls du nicht eh schon alles daheim hast.
Wichtig während der gesamten Übungszeit: Management! Sorge dafür, dass dein Hund kein Juchuuuu-und-weg-Erlebnis mehr hat und sichere ihn anständig.

2. Belohnungen aufbauen

Gibt es auf deiner Liste Belohnungen, die du nicht einfach so mit dir rumschleppen kannst, sondern die du zunächst als Belohnungen kenntlich machen musst? So etwas wie „Buddeln dürfen" oder „Gemeinsam rennen" oder „Ins Wasser springen dürfen". Dann solltest du zunächst ein paar Tage darauf verwenden, Belohnungssequenzen aufzubauen, damit du solche Sachen verwenden kannst, um deinem Hund den Rückruf richtig schmackhaft zu machen.

3. Geschirrgriff üben

Als Nächstes übst du mit deinem Hund den Geschirrgriff, damit du gut gerüstet bist, wenn im Training mal etwas schiefläuft und dein Hund nicht sofort folgt. Hier kannst du schon mal üben, wie du Belohnungs- und Ablenkungsliste richtig verwendest.

4. Doppelter Rückruf

Beginne zunächst mit dem doppelten Rückruf. Baue als Erstes das UO-Signal auf, danach fügst du das Anfeuerungssignal dazu. Arbeite gleich von Anfang an mit deiner Belohnungs- und deiner Ablenkungsliste. Trainiere nicht einfach ins Blaue hinein, sondern mach dir einen Plan: Mit welcher Ablenkung möchtest du in deiner Trainingseinheit arbeiten? Was könnte in diesem Moment eine passende Belohnung sein?

5. Umkehrsignal

Du kannst mit dem Umkehrsignal entweder warten, bis du im Training etwas sicherer bist und zunächst den doppelten Rückruf bis zur Universitätsreife aufbauen. Oder du merkst, dass es gut läuft und trainierst das Umkehrsignal zeitgleich mit dem doppelten Rückruf. Achte aber darauf, dass du beides nicht zusammen in einer Trainingseinheit abhakst, sondern dass du jeweils in einer Trainingseinheit mit dem doppelten Rückruf und in einer anderen mit dem Umkehrsignal arbeitest.

Wenn du dich mit dem Training anfangs etwas schwertust, weil du das Zusammenspiel von Signal, Leinehandling, Belohnungen und so weiter erst einmal üben musst, dann fang mit dem doppelten Rückruf an und hebe das Umkehrsignal für später auf. Das macht gar nichts!

6. Spiel!

Wenn du so weit bist, dass deine Rückrufsignale unter mittlerer Ablenkung gut funktionieren, fängst du an zu spielen. Suche dir ein Rückrufspiel raus und vertiefe damit deinen Rückruf. Habt Spaß!

Ganz zum Schluss bleibt mir eigentlich nur, dir zu sagen (äh…zu schreiben): Rückruftraining ist Fleißarbeit!

Mache dir einen Plan, arbeite den ab und passe ihn an, falls es notwendig sein sollte. Und dann raus in die große, weite Welt und Rückruf üben!

Und denke immer an die goldenen Rückrufregeln:

1. Der Rückruf bedeutet immer etwas Tolles für deinen Hund.

Sorge dafür, dass sich der Rückruf immer gut anfühlt! Tut er das nicht, wird er auf Dauer scheitern.

2. Der Rückruf beendet nie etwas Schönes.

Rufe deinen Hund nicht nur, um ihn anzuleinen und nach Hause zu gehen, nachdem er auf der Wiese mit seinen Kumpels gespielt hat. Sonst wird sich dein Hund irgendwann mehr Zeit lassen, um auf dein Signal zu hören.

3. Du übst für den Notfall, nicht im Notfall!

Gib dein Rückrufsignal häufig, wenn gar nichts los ist. Einfach so, damit dein Signal nicht zum Alarm für deinen Hund wird, dass jetzt gerade irgendwo in seiner Nähe etwas Besonderes passiert.

4. Management ist Trumpf!

Sichere deinen Hund durch Leine, Ruckdämpfer und Geschirr. Vermeide Abstrawanzen (bayrisch für „Ich bin dann mal weg!"), damit dein Hund nicht lernt, dass du eh nichts machen kannst, wenn er abgeleint ist und dann dein Signal überhört.

5. Geh auf Nummer Sicher

Gib dein Signal im Training nur dann, wenn du dir wirklich sicher bist, dass dein Hund auch folgt. Jeder Rückruf, der ins Leere geht, schwächt dein Signal. Und wenn mal was schiefgeht, solltest du immer wissen, was du dann tun solltest (Leine halten, Ranhangeln, Geschirrgriff - du weißt schon). Das Verhältnis von „Klappt" zu „Klappt nicht" sollte etwa 20:1 betragen. So lernt dein Hund am schnellsten.

6. Aufwärmen!

Kleiner Tipp noch, wenn du weißt, dass es in schwieriges Gelände geht: Wärme deinen Hund auf, bevor ihr auf Hasen oder Rehe trefft. Wenn du den Spaziergang beginnst, übe zunächst ein, zwei Rückrufsignale unter leichter Ablenkung und belohne besonders gut. Und erst dann gehst du in das hasenverseuchte Gebiet. So hast du dich schon mal kurz ins Gedächtnis deines Hundes geschmuggelt und die Chance ist größer, dass er dich wahrnimmt, wenn der liebestolle Hase aufkreuzen sollte.

Zum Vertiefen

Du kriegst einfach nicht genug vom Rückruftraining und möchtest dein Wissen noch vertiefen?
Dann bieten sich natürlich Trainerstunden an.
Bei der Trainergemeinschaft „Trainieren statt dominieren" findest du Trainer*innen, bei denen du sicher sein kannst, dass sie nett mit deinem Hund und mit dir umgehen.
Außerdem findest du sämtliche Übungen, die du aus diesem Buch kennst, auch als Videoanleitung auf www.Hey-Fiffi.com. Da du ja schon dieses Buch gekauft hast, erhältst du von Hey-Fiffi.com einen Rabattlink.
Schick einfach eine Mail an info@hey-fiffi.com und du erhältst einen Link, über den du 10 % auf eine Jahres-Mitgliedschaft bekommst. Nur falls du magst und es dich interessiert.
Und ich gebe regelmäßig Seminare zum Thema „Rückruftraining" in Deutschland, Österreich, der Schweiz und Italien. Vielleicht sehen wir uns ja mal persönlich und du zeigst mir dann, wie gut dein Hund bereits folgt. Ich würde mich freuen.
Überhaupt: Wenn du Erfolgsgeschichten oder Anregungen hast, dann schreib mir doch bitte. Lass mich wissen, wie dein Training läuft!
Und das Wichtigste: Hab Spaß! Training ist nicht nur Mittel zum Zweck, sondern ein endgeiler Zeitvertreib mit deinem Hund.

Liebe Grüße,
Sonja

Die Autorin

Sonja Meiburg ist seit vielen Jahren Hundetrainerin. 2016 gründete sie, zusammen mit Michele Baldioli, die Videoplattform www.hey-fiffi.com.

Sonja ist seit mehreren Jahrzehnten Clicker-Trainerin. Gelernt hat sie ihr Wissen bei vielen nationalen und internationalen Lehrern, u.a. bei Ute Blaschke-Berthold, Martin Pietralla, Kay Laurence und Mary Ray. Sie setzt den Clicker nicht nur zum Grundgehorsam und für Tricks ein, sondern auch im Hundesport und in der Verhaltenstherapie.

Die Autorin ist Mitglied der ersten Stunde der Hundetrainer-Gemeinschaft „Trainieren statt dominieren" und Initiatorin der Aktion „Tausche Stachelhalsband gegen Training", für die sie den dogs-Award erhalten hat. Sie hat „Die Tierheim-Akademie" ins Leben gerufen, die Tierheim-Mitarbeitern helfend zur Seite steht. Ab und an steht sie nicht nur für Hey Fiffi vor der Kamera, sondern auch für den Bayrischen Rundfunk, den SWR oder das ZDF.

Außerdem ist sie Mit-Autorin des Buchs „Leben mit Hunden – gewusst wie". Im Cadmos-Verlag ist ihr Bestseller „Anti-Giftköder-Training" erschienen, der in Fachzeitschriften als „sehr praxisnah" und „wertvoll" gelobt wird.

Fotos

Seite 6	Michele Baldioli	Seite 107	Shutterstock © lightpoet
Seite 8	Michele Baldioli	Seite 108/109/111	Michele Baldioli
Seite 10	Shutterstock © Lukasz Kochanek	Seite 113/116/118	Michele Baldioli
Seite 11	Michele Baldioli	Seite 121/126/128	Michele Baldioli
Seite 13/14/15	Doreen Israel	Seite 129/130/131	Michele Baldioli
Seite 16	Shutterstock © Jarun Ontakrai	Seite 133	Doreen Israel
Seite 17	Sabine Fehrenbach	Seite 135/156/137	Michele Baldioli
Seite 19	Michele Baldioli	Seite 138/139/141	Michele Baldioli
Seite 20	Shutterstock © alexei_tm	Seite 142/144	Michele Baldioli
Seite 21/22/23	Michele Baldioli	Seite 145/146	Sabine Fehrenbach
Seite 24/25	Michele Baldioli	Seite 148/153/155	Michele Baldioli
Seite 28	Sabine Fehrenbach	Seite 157/159/160	Michele Baldioli
Seite 30/34/35	Michele Baldioli	Seite 161/164/165	Michele Baldioli
Seite 37	Sabine Fehrenbach	Seite 167	Michele Baldioli
Seite 38	Doreen Israel	Seite 168	Sabine Fehrenbach
Seite 40/41/43	Michele Baldioli	Seite 169	Michele Baldioli
Seite 44/45	Michele Baldioli	Seite 173	Doreen Israel
Seite 48	Doreen Israel	Seite 176/177/179	Michele Baldioli
Seite 51/53/54/57	Michele Bldioli	Seite 180/181/184	Michele Baldioli
Seite 60	Sabine Fehrenbach	Seite 187/189/191	Michele Baldioli
Seite 62	Michele Baldioli	Seite 192/195/196	Michele Baldioli
Seite 64/66/71	Sabine Fehrenbach	Seite 197	Michele Baldioli
Seite 73/75/77	Michele Baldioli	Seite 198	Doreen Israel
Seite 79/81	Michele Baldioli	Seite 201/202/205	Doreen Israel
Seite 82	Shutterstock © Miriam Doerr	Seite 206	Sabine Fehrenbach
Seite 84/85/87	Michele Baldioli		
Seite 90/91/92/93	Michele Baldioli		
Seite 95	Doreen Israel		
Seite 97	Sabine Fehrenbach		
Seite 98/100/102	Michele Baldioli		
Seite 104	Sabine Fehrenbach		
Seite 105	Doreen Israel		
Seite 106	Shutterstock © Christian Mueller